Agnone Bagni
Lentini
Brúcoli
C. S. Croce
Augusta
G. di Augusta
Melilli
M. Vénere
870
Sortino
Priolo Gargallo
Penisola
Magnisi
Ferla
Solarino
Cássaro
C. S. Panagia
SIRACUSA*
Floridia
Canicattini
Bagni
C. di Murro di Porco
Testa
Acqua
Villa Vela
Cassibile
Noto
Ávola
Calabernardo
S. Paolo
Golfo di Noto
Marzamemi
Grotta Calafarina
Pachino
Capo Pássero
Portopalo di C. P.
5
6
Gharb
Marsalforn
Gozo
Calypso Cave
Victoria
Mgarr
Comina
Marfa
Mellieha
Sliema
Valletta
Mosta
Rabat
Cospicua
Marsa
MALTA
Birzebbuga
Blue Cave
AIR MA

Krottenbachstraße
Oberdöbling
Hartäckerstr.
Chimani
Cottagegasse
Peter-Jordan-Straße
Türkenschanzpark
Hasenauer
Gregor-Mendel-Str.
Anastasius-Grün-gasse
Vega
Billrothstraße
Hardtg.
Kreindl
Pyrker
Gatter
Döblinger
Pokornygasse
Osterleiteng.
Wertheimsteinpark
Barawitzkagasse
Boschstraße
Gunold
Gallmeyer
Klabund
Warte
Nußwaldgasse
12.Februar-Pl.
Heiligenstadt
Lände
Brigittenauer Lände
Nußdorfer
Muthgasse
Heiligenstädter
Donaukanal
Anton-Schmid-Promenade
Döblinger Steg
Dietmayrg.
Spielmanng.
Lor.-Müller-G.
Adalbert-
Stifter-
Straße
Jägerstr.
Dresdner Str.
Marchfeldstr.
Vorgartenstr.
Hauptstr.
Döblinger Gtl.
Heiligenst. Gtl.
Gymnasium
Sternwartestr.
Währinger Park
Währinger Straße
Semperstraße
Gentzg.
Martinstr.
Weimarer
Liechtensteinstr.
Spittelauer
Leipziger Str.
Brigittenauer
Hallenbad
Klosterneuburger
Stromstr.
Wexstraße
Pappenheimg.
Raffael
Universum
Hellwagstr.
Wallenstein
Wallensteinstraße
Jägerstr.
Rauscher
Nordwestbahn
Brigittapl.
Brigitta
Alserbach
Nußdorfer
Sechsschimmelg.
Spitalg.
Allg. Krankenhaus
Porzellang.
Roßauer Lände
Franz-Josefs-Bhf.
Glaser
Traisen
Donaueschingen
Kampstr.

Nordbahn
Adriastraße
Lassalle
Venediger Au
Ausstellungs
Hauptallee
Volksprater
Rustenschacher
Schüttelstr.
Donaukanal
Hundertwasser-Promenade
Weißgerberlände
Taborstraße
Obere Donaustr.
Untere Donaustr.
Praterstern
Franzensbr.-str.
Dampfsch.-str.
Radetzkystr.
Augarten
Klang-Heine
Rembrandtstr.
Donaustr.
Franz-Josefs-Lände
Rotenturmstr.
Graben
Stephanspl.
Kärntner Str.
Opernring
Burgring
Dr.-K.-Renner-Rg.
Dr.-K.-Lueger-Rg.
Schottenring
Währinger Straße
Liechtensteinstr.
Stadtpark
Heumarkt
Johannesg.
Schubertr.
Landstr.
Getreidemarkt
Museumsplatz
Karlspl.
Wienzeile
Schwarzenbergpl.
Freyung
Hofburg
Heldenpl.
Rathausplatz

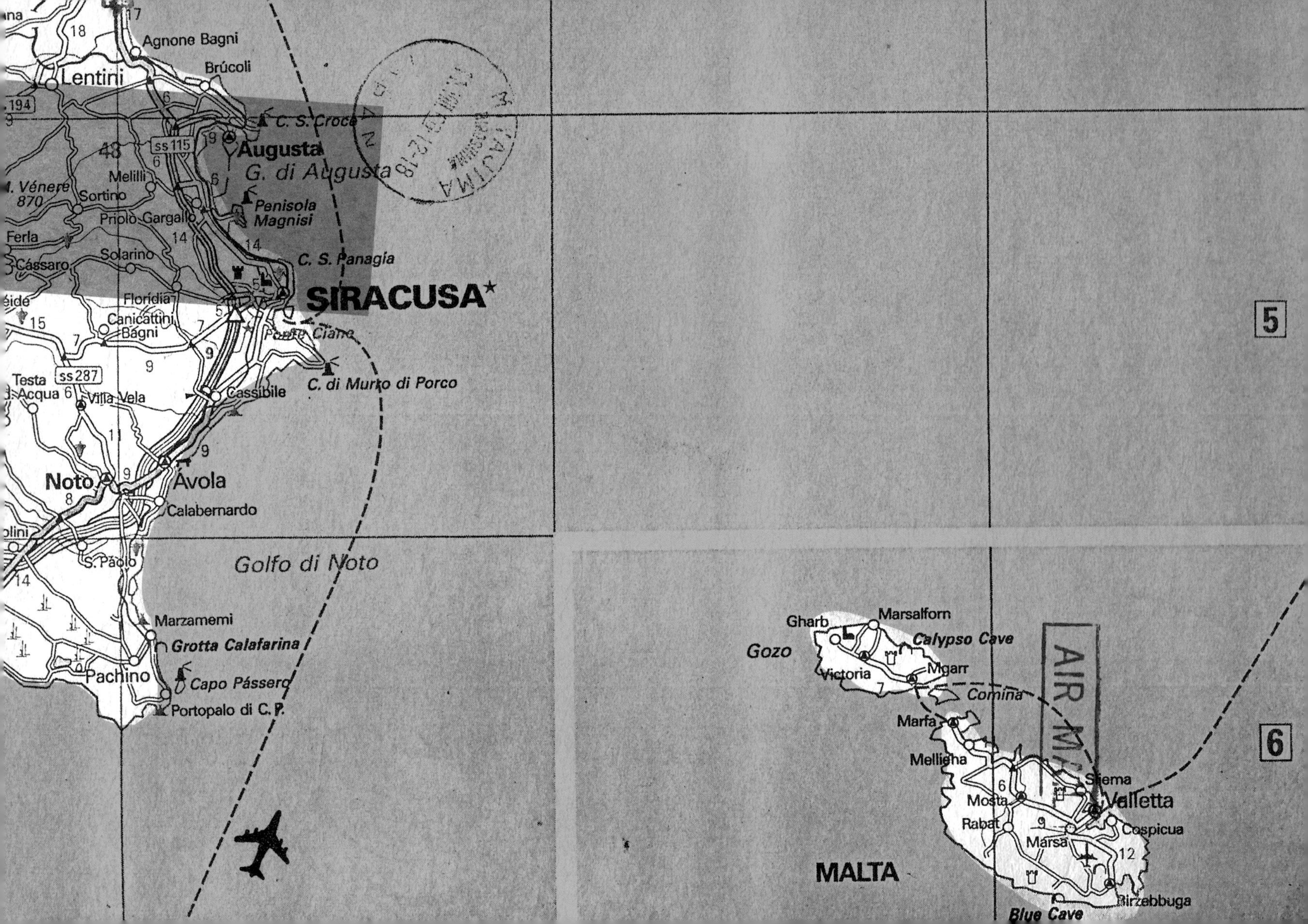
Agnone Bagni
Brúcoli
Lentini
C. S. Croce
Augusta
G. di Augusta
Melilli
Sortino
Priolo Gargallo
Penisola Magnisi
Ferla
Cássaro
Solarino
C. S. Panagia
SIRACUSA
Florídia
Canicattini Bagni
C. di Murro di Porco
Testa
Villa Vela
Cassibile
Noto
Ávola
Calabernardo
S. Paolo
Golfo di Noto
Marzamemi
Grotta Calafarina
Pachino
Capo Pássero
Portopalo di C. P.
5
6
Gharb
Marsalforn
Calypso Cave
Gozo
Victoria
Mgarr
Comina
Marfa
Mellieha
Sliema
Valletta
Mosta
Rabat
Marsa
Cospicua
Birzebbuga
Blue Cave
MALTA
AIR MA

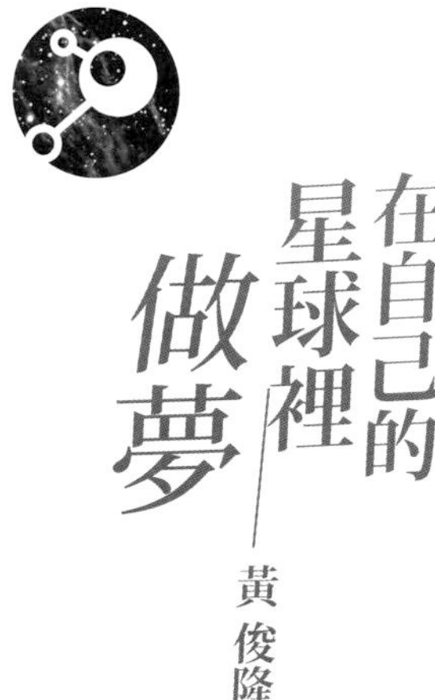

在自己的星球裡做夢

黃俊隆 著

在自己的小宇宙裡　用眼睛　看見世界真實的樣子

「有人睡覺時做夢，有人醒着做夢，
而醒着做夢的人比較可怕，因為他真的會去做。」

—T. E. Lawrence

人
一輩子
能做好一件事
就功德圓滿了

夢的旅程 CONTENTS

Departure

通關

登機

航行

旅伴

過境

浮光掠影

(i) Departure

在別人的城市裡找回自己

二〇〇九年，七月二十九日。航班1082。

搭上飛往東京的班機，獨自回到四年前寫完蕭青陽《原來，我的時代現在才開始》的地方。

世界，分成我和他們。

一個人，回到陌生又熟悉的舊地，試著藉由書寫，找回五年前最初的自轉星球，及那個如同小王子般純淨、浪漫而義無反顧的自己。

五年的時光匆匆而逝。在五週年前夕，自轉星球背負許多朋友豔羨及期許的眼光，我卻感受到一股強烈的、如黃粱一夢般的空虛，亟欲逃離。這五年，我找尋、得到許多，生活卻變得沒有五年前來得開心，莫名的包袱也多了。

「沒有愛的星球，是開不出花朵的。」

當小王子與長大後的班傑明相遇，在自己的星球裡，走得好遠好遠，安靜坐下，回頭遙望過往的自己與人們，那個他暫時離開的星球，才發現，許多事已不若往日那般純粹與義無反顧。其中，必然有所悖離或背叛。

它還保有五年前的初衷嗎？此刻的我，試著在別人的城市，讓世界將我的城市切分成我和他們，我從我的城市抽身，在別人的城市，遙望他們，安靜回顧這一路的風景與轉變。

是一種告別，也是另一個永恆的開端。

總是要在一段時間之後，我才明白。當初寫他們，就已經開始對他們告別。／張惠菁《告別》

Yesterday
昨日

打開一扇門之後

人生，是一連串不斷開門、關門，走進另一個世界的過程。

直到今天，我還是無法確定，那些故事是否真正發生過，或者一切都只是一場夢。

一如往常，在一個陽光灑滿街道的下午，我騎著從中部老家運上來十幾年的老舊機車，戴上耳機，準備前往附近的銀行，辦理公司例行存放款業務。

五年前，當我還是個什麼都不懂的創業少年，便在這家銀行開戶，自轉星球是在那時真正誕生的吧。如今，早已不記得當時蓋下公司大小章的心情，只記得因為什麼都不懂，也沒什麼人可幫忙，自己一個人來來回回折騰了好幾趟。一切，在當時，如同日常眾多細小瑣事，沒什麼大不了的，就連

公司章也是隨意找家刻印店，用一般木頭隨便刻刻，掉到地上隨時可能會缺了一角的那種。

這天，抽了號碼牌，佇立在人滿為患的銀行大廳，耐心等待。

時光在漫長的午後瞬間凍結，恍惚間，熟悉的銀行櫃員A小姐走向我，對我投以神祕且友善的微笑：「黃先生您好，怎麼五年了您還是自己一個人？都沒有請小姐幫忙嗎？記得五年前還是我幫您開戶的……」邊說，邊示意我隨她走進銀行內另一大廳。

我隨著她的指引，推開一扇霧面大門。以往，我總望著許多人推開門走出來，好奇裡頭究竟是一個什麼樣的世界。沒想到，終於有這麼一天，我可以推開這扇大門，踏入這個一直讓我覺得神祕的密室。

原來，這裡是銀行專為固定往來的法人企業，提供存放款服務的獨立空間。五年來，我總是一個人低調、很少說話地與一般個人存戶抽號碼牌，一同等待。辦完業務便快速離開，幾乎不曾與行員討論起任何與公司有關的事情。

A邊為我處理當天待辦業務，邊主動聊起這五年來她對自轉星球的種種記憶。我的腦袋無法自抑地像走馬燈般，不停旋轉、旋轉、旋轉，浮現許多自轉星球最初的樣子，對照眼前一切，顯得如此虛幻不真實。有點像打電動時，歷經重重難關，不斷砍殺惡怪，累積到某個經驗值，破關升級後，從天而降——我來到了一個全新的關卡，往後會有更多的難關待克服；或者我已練就了金鋼不壞之身，任大魔王如何砍擊，都再打不倒我了？

原來，人生像是一連串開門、關門的過程。開門走進另一個新的天地，似乎也意味著你將告別關門後，那個原本熟悉，卻將慢慢變得陌生的昨日世界。

Departure

通關

E5

BR 0061

VIENNA

OPEN

020

看誰跑得快

「童年是小說家的存款。」

格雷安・葛林（Graham Greene）在《小說家的人生》裡曾這麼說。

回首我的人生，現今變成這樣的我，童年，無可否認，是我生命中最重要的資產。

午後四時，鄉間的放課後。

村人有摩托車、有空的紛紛到學校接小孩回家，大多數的父母則仍在山裡，忙農作物的栽養。於是小朋友像一群螞蟻般，蜿蜒散布整個上坡山路。

偶爾，零星幾個沒跟上路隊、落單的人，小小的身影，在夕陽中顯得有些孤獨。

那一段回家路程，必須經過一段長達三百多公尺的亂葬崗。國小的年紀，當然還沒有足夠的勇氣與知識，足以判斷宇宙中許多難以用科學解釋的問題。

我家幾乎位於全村最山頂，如今回想起來，不知是自己有意或什麼因素使然，我總是成為落單、跟不上隊伍的那一個。兩旁墳墓多到幾乎要淹沒了我，漫無止盡的長長山路，夕陽反射在墓碑或樹葉上的倒影，全成了白天學校裡同學爭相走告的鬼火顯現。

一個人越想，越覺得毛骨悚然，渾身起雞皮疙瘩。幼小的心靈感到無比恐懼，不敢回頭看身後風景，索性鼓起勇氣，用不知從哪學來、完全不合乎科學卻十分天真的方式，在心中喃喃自語，開始和自己玩一種「跑給魔鬼追」的遊戲。

「看誰跑得比較快！」我充滿自信地告訴我們——不，是我自己。然後，開始在心中倒數：十、九、八、七、六、五、四、三、二、一！深深吸飽一口氣，拔腿，頭也不回地不停往前飛快狂奔。直到墓地盡頭，才上氣不接下氣地停下腳步，慢慢回頭，身後當然什麼也沒有——「哈哈哈，看吧，跑沒我快吧！魔鬼，再來追我啊？」我在心底豪邁地說著。

升上國中之後，許多同學為了上學方便，早紛紛搬到山下住了。

某天黃昏，狂風大雨中，山裡兩旁竹林不時響起「吱～～吱～吱～～～吱」的摩擦聲響，讓我再度心生對魔鬼的恐懼，一個人感到孤立無援，想到為何父親只騎摩托車接哥哥上下學；想到鄰人全搬到鎮上了，為何自己仍須不時忍受這種無比艱困的磨難？

大雨打濕臉龐，我突然在雨中嚎啕大哭起來。當時心想，大雨中，沒人分得清是雨是淚吧，男子漢，哭又怎樣？於是，那是我生命中記憶所及，因為感到無助與無力，哭得最暢快的一回。哭完，原本心中所有的不平與怨懟，瞬間全然散去。彷彿也在心中，凝結成一塊永不崩毀的硬牆，抵擋著長大後來自外界的各種責難與挑戰。

那些畫面，如今回想起來，除了深化成性格的一部分，更像極一則隱喻、寓言。這段童年經驗，對我來說是很重要的勇氣與毅力的養成，讓我學會必須忍受落單的寂寞；必須學會一個人面對恐懼，面對一些不同的聲音。

許多事情，只要你抬起腳步，勇敢向前走，沒什麼闖不過、挑戰不了的

難關。你必須全力以赴去面對這個世界，去面對內在的心虛與恐懼。當你熬過了，回頭一看，人生風景，一路竟是如此風光明媚；恐懼，早煙消雲散。

往後的人生，常遇到一些批評、傷害我的人，我習慣把他們當作小時候放學路上的魔鬼，鼓足勇氣全力向前衝，把他們遠遠拋在腦後，獨自跑到一個他們所跟不上，遠遠的，遠方。

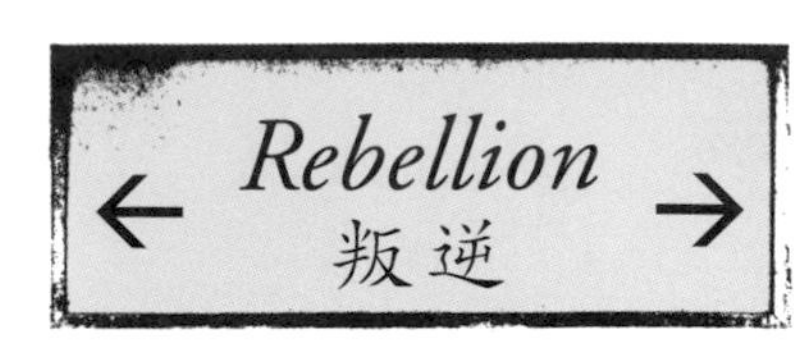

回到自己的小宇宙

出社會後，許多想做的事，幾乎全建構在一些非常虛渺空幻的字眼上，特別是年過三十之後。這些字眼常在午夜夢迴時，讓我顯得無比尷尬，它們是擲地有聲，卻常一碰就碎的「理想」、「夢想」、「勇氣」、「堅持」之類的精神。這些精神，或許是根植在創新、衝突、叛逆、任性、賭氣……這些成長環境所形塑的性格之上。

鄉下家庭的小孩，總是背負父母、鄰人、師長光耀門楣的期許——只有考上第一志願，在鄉下才算功成名就，才能為家族爭光。而我卻早在國二時，便打定主意，不想念高中。於是高中聯考時，故意隨便亂寫，後來「如願」只考上第二志願「台中二中」，順利選擇我想念的五專第一志願，到台中商專（如今的台中技術學院）就讀。

離開鄉下，來到都市，叛逆的個性沒來由地日益強烈堅定。

五專的最後一年，即便資訊再怎麼落後，我仍懂得手中握有權力的人鐵定是腐敗者的道理。正好當時校園不停流傳學校師長A錢，每年縮減學生社團運作經費的傳聞。於是在運動會上，我抓到學校渺視應屆畢業生權利的機會，串聯三班應屆畢業生，準備靜坐抗議。

當我走上司令台時，回頭望著台下，沒想到除了原本約定的那幾班，整個操場的學生全都跟著動了起來！

然而，鄉村的成長環境孕育出的敦厚守禮個性，讓我的人生總是在矛盾的兩端掙扎。看著操場中間已坐滿幾乎全校的抗議人潮，當時內心想的其實是「我會不會因此畢不了業」。事情的發展大大違背了我原先預想的正統抗爭場面——先推倒校長面前的桌子，再狠狠往他身上揍上一拳——當我代表全校學生，緩緩走上司令台，準備跟校長交涉之際，站在他面前第一步，竟是先向他敬禮，然後才溫和地開口：「校長，對不起！學校……」

學長姐們在那事件後，繼續趁勢而為，又是噴漆，又是發黑函，持續有理無理地抗議著，這些都跟我當初發動校園靜坐的動機無關。可是，因為只有我在那波活動中浮出檯面，所以最後被學校約談的是我。靜坐抗爭事件後，老師們說我成了學校的黑名單；教官說我成了原本一群搗亂畢不了業、黑名單學長們的代罪羔羊……

訓導主任把我叫進辦公室，苦口婆心勸我好好想想自己的未來，最後忍不住告訴我，學長姐都已經跟校長「吃過飯」了。那個當下，我覺得一切顯得既好笑又荒謬。我那突發奇想的抗爭，或許是源自血液裡的叛逆因子，並不是為了誰，或是為了出鋒頭，純粹只是覺得學生絕對有發表自己意見的權利，表達對學校的不滿。我覺得那件事，在那個時空下，有它的正確性。它讓我深刻感受到，其實群眾不見得需要什麼真正的目的，有時甚至是盲目的，在整個環境氣氛與內心潛在意識的驅動下，便會產生一股突如其來的衝動，覺得自己應該要和大家站在一起，一起做些什麼。

我下定決心，開始準備考插大，到台北念書，親眼看看台北人搞學運、抗爭的手段及方式到底有什麼不同。

北上念書期間，偶然在羅斯福路上一家二手書店找到絕版的《野火集》。老闆見我拿起那書，開口便問：「外地來的吧？這本你一定要看，不然你大學白念了。」

那晚，我一頁頁仔細翻讀，二十歲以前的人生，彷彿當場被迎頭痛擊，潑了盆冷水。原來，抗爭並不一定要像我們在中南部看到的電視報導一樣，要以身體去衝撞；原來，這社會還有更多需要我們去抗爭的事；原來，光是搖動筆桿，彷彿便可撼動全世界……我開始瘋狂啃食任何足以讓我朝更好的人生方向走去的書籍，甚至走向出版工作一途，閱覽吸收更多、更廣的書籍、知識，明白野火的驟燃，並不是你自認有理，任意放把火，它便可遍地燎原。

我慢慢學會不再去放火，而是退到自己的位置、角落，關心自己存在的價值與一切作為對於社會的意義、影響。許多事變得不是之前想像的那麼偉大、嚴重，而是根深柢固的，不是採取了什麼抗爭，整個環境就能輕易反射出你想要的純淨光明面。

念書時，我看待整個社會，總是帶著敵對的眼光；任何事，第一個先想到的，常是要去推倒別人，而非正面思考我可以做些什麼，反思自己的中心思想與價值為何。當時推倒別人式的抗爭行為，像是一種叛逆與價值追尋的過程與展現。

當我歷經社會化過程、更多不同的人生歷練後，開始覺得人生，更重要的是回到自己的位置。這個社會，每個人若都能在自己的小宇宙裡，盡本分，認真做好自己該做的事就夠了。

曾有媒體訪問我，是否仍如同學生時代一樣叛逆（當時，我除了搞過學運外，其他各方面都還算是守規矩的好學生啊）。我回答他們，如今的我比較退怯了。我可以每天很安分、很認真地編書，但若問我遇到不平的事，還會選擇去靜坐、推倒體制、推倒別人嗎？大概已經很難起得了身，屁股也老到坐不下去了吧。

我內心潛在的叛逆個性依然存在，只是選擇的叛逆方式，已與往日有所不同。

身體住著一頭矛盾的怪獸

「如果你覺得我有一點怪，那是因為我太真實。」這是張培仁早期為陳昇第一張專輯《擁擠的樂園》所寫的文案。

學生時代，因為熱愛音樂，專一時便一頭加入吉他社，間接導致後來人生受搖滾樂影響至深。曾有一次，在接受媒體訪問與日本A片達人「一劍浣春秋」對談時，聽他們暢談大學時是如何與一群狐群狗黨在MTV裡，一邊看影片一邊忍著不打手槍。當場聽得瞠目結舌的我，打趣說：「若要問我年少時有無遺憾，最大的遺憾應該是一群男生將大把美好的青春，浪費太多在彈吉他這件事情上，而不是一起看A片、打手槍。」

升上專三時，開始改彈電吉他，與同學、學長組BAND。當時還學錄影帶裡一些外國ROCKER的裝扮，留著一頭傻傻的長髮，不停練習四根手指用飛快的速度在琴頸上奔馳，飆電吉他SOLO，不時大聲地唱著Nirvana（超脫樂團）的歌。

那個時期，彷彿開啟了我矛盾與衝突的反叛人生旅程。幾次上台表演，不知為何，我與團員們的造型既非龐克，更不搖滾，而是穿西裝、打領帶，只差沒穿皮鞋（想想，好像還真的有穿過）。對一個自期為搖滾樂隊的樂團來說，真有說不出的突兀。

那個畫面成了我往後人生最大的註腳、寓言、預言——我的人生注定是一直要活在矛盾裡的。

早在念五專時便立定志向，畢業後要到唱片公司當企畫。當時，看著台上的老師手拿課本、閉起眼睛，不是在講台上呆立不動，便是在同學座位間不停穿梭，「朗誦」課文。我見機不可失，總在雙腿上擺著陳昇的《9999滴眼淚》或一些歌詞本、詩集。桌上，表面上是守本分的擺放著會計課本，右手拿著筆，不停在上面抄寫筆記。事實上，是在腦海裡邊默念一些旋律，右手邊在會計課本上胡亂寫著片段式的歌詞。如果翻閱以前的課本，說不定還可以看見當年寫的青澀歌詞。

插班升上大學後，暫時離開了搖滾樂，開始接觸古典樂、爵士樂，以及文學。當時，剛從彰化隻身來到台北，沒什麼親人，更沒朋友。或許是插班生的緣故，跟班上同學總有強烈的格格不入之感。或許那段漫長的孤獨時光，是我文化藝術與閱讀的啟蒙。

身為一個在窮鄉僻壤地區長大的小孩，心裡常帶著羨慕與不服氣，看待那些從小生長在都市、在書香世家裡耳濡目染長大的小孩。總覺得都市長大的小孩，接觸的東西應該比較時髦、有氣質，便常問台北的同學，平常都讀些什麼。

彼時起，我喜愛的閱讀類型幾乎集中在文學範疇，像白先勇、蕭麗紅、朱天心、蔡素芬、楊牧、楊照……等。

就像我的外表常給人的錯覺，以為我是個溫馴的乖孩子一樣，我讀那些東西，變得理所當然，就像五專玩樂團時打領帶一樣，一切就該如此正經。

但，當時的我，也開始在TOWER唱片及公館的宇宙城唱片，不時站立良久，讀起架上一排排、一張張的唱片文案，看別人如何寫側標文案及樂評。

某天，讀到張培仁為黃韻玲《憂傷男孩》寫的文案：

「黃韻玲？在日本是偶像，在英國是藍儂的兒子，在西門町？不敢說。西門町有楊林、葉瑷菱……這條街的主人不相信才女，台灣從來沒有。或許，從自寫自編自彈自唱的黃韻玲開始，靈魂的聲音用搖滾伴奏；古典的手狙擊年輕的藍調。紐約懂，西門町懂嗎？」

這段文字給了我極大的衝擊——原來做唱片也可以有態度。於是，更加堅定自己退伍後想進入唱片公司，乃至於進魔岩唱片的想法。

在那些叛逆與循規蹈矩矛盾交錯的青春記憶裡，慢慢抽絲剝繭，或可窺見我往後的作品受那段時光的深刻影響。不管是在唱片公司或自轉星球，做出來的作品，均十分不像學院式的打領帶，而是由反叛與不守規矩之中，蹦出創意的火花。

Persistence

執著

選擇自己相信的世界

我在左營當了兩年的海軍。那兩年，因害怕與自己夢想的那塊土壤失去連結，幾乎每隔半年，便趁五天的假期坐夜車上台北，不停逛誠品書店、TOWER唱片行。此外，每個週末早上八點出營區，晚上八點便要回營報到，一整天不到十二小時的珍貴時光，我不是逛遍高雄各大書店，便是唱片行，不停研究各種不同風格專輯的封面、文案，然後坐在咖啡廳，戴上耳機，慢慢聆聽當天買的唱片，一邊閱讀剛買來的經典文學作品。

某個午後的記憶，一直印記在我心中。

左營孔廟的櫻花樹下，耳邊聽著《戀戀風塵》電影原聲帶，手上捧讀朱天心的《擊壤歌》，一邊幻想退伍後，隻身到台北打拚，將會有一片大好前景。恍惚間，不自覺地打起瞌睡。醒來，書頁間承接了一片空中飄落的櫻花，至今依然夾存在那書頁裡，是一種永恆不捨遺忘的紀念。那畫面，將我當兵時心中懷抱的無限夢想，連結到往後從事出版及依舊熱愛閱讀的人生，成了最美的時光印記。

每個假日夜晚，回到營區，身為輔導長得力助手的政戰士，備受長官寵愛，所以他的房間書桌，變成了我做夢的小小星球。我把每週放假買來的書及唱片不停往上疊放，每晚十點寢室熄燈後，便悄悄跳下床，躲進輔導長房間，坐在書桌前，迫不及待地聽、看完白天買的所有唱片及書籍。

退伍前，書及唱片已數度堆滿整個桌子，幾度被我偷偷搬移，藏進輔導長的文件櫃裡。唱片與書籍堆滿房間，在那個眾人日復一日，不停數著饅頭，腦袋徹底放空過著無夢生活的環境裡，我覺得自己像《過於喧囂的孤獨》裡的主角，擁有自以為是的一畝夢田。在學長學弟制、階級分明的海軍軍中，那些就寢後藉由音樂與文學，讓自己保持思想清醒、做夢的時光，看在學長眼裡，當然不是滋味，因而常受到他們的刻意排擠與欺侮。幸好，那時我學會躲進我自己選擇相信的世界；學會在文學及音樂的世界裡，逃離現

實世界的紛爭、無情、不公、不滿……

即將退伍的某個假期上台北，到忠孝東路頂好的TOWER唱片買CD，正好遇到陳綺貞在辦《還是會寂寞》首賣會，吉他手董運昌也在現場。五專時，曾因舉辦大學城創作大賽校園巡迴表演的機會，與以〈明天早早起〉獲獎的董運昌有一面之緣。於是，首賣會結束後，鼓起勇氣，與站在身旁的他打招呼，拿《還是會寂寞》請他簽名，並且羞怯含蓄，帶點疑惑地與他聊起以後想進唱片公司當企畫的念頭。

退伍後，靠著毛遂自薦，投了八份履歷到唱片公司，並且附上一份寫滿我心中的十大經典唱片、對台灣唱片業未來的趨勢分析、兩篇樂評（其中包含一篇《還是會寂寞》）……等想法，最後順利錄取了四家唱片公司。

當時我心中十分篤定、堅持——不要進入五大外商唱片公司，只想進本土公司，不希望做音樂有過多的商業導向與束縛。受到恩師張培仁及林暐哲的青睞，如願進入心中第一志願——魔岩唱片。魔岩做的許多音樂，都極為創作導向，在當時的環境中，具有強烈的獨特性、衝擊性，有些不服從、桀驚不馴的共通性格特質。在魔岩的學習經驗，帶給我往後的人生、特別是在工作上，最大的啟發——創作的多元性，及公司經營者必須發自內心尊重創作。後來，也影響到整個自轉星球的走向與品牌風格。

談出版的理想性，老實說，因為邊際效益與市場接受度，並不像流行音樂來得廣泛，因此，若想發掘更多題材、更多具有原創性的新作者，會有比較多的限制。在自轉星球感到迷惘徬徨時，那段魔岩時光不時會在腦海裡提醒我，要有更多的開創性與理想性，不應該短視、只以整個市場的結構與眼前微薄利益作為主要考量，可以把空間與想像力拉得更遠一些。

在魔岩的某個午後，辦公室來了一位吉他手，我聽著熟悉的聲音，由遠至近，慢慢朝我走來。轉過身，我與董運昌四目交接。他先是在原地呆立片刻，接著對我投以帶點不屑（？）、難以置信的微笑，彷彿在向我說著：「你這小子，還真有兩把刷子，真的混進唱片圈了。」我對他回以禮貌性的微笑，像是「當時你肯定不相信我對這夢想如此當真，但如今我竟真的實現了」的默契對話。

不要忘了自己最初的樣子

「我最好的朋友已經不知道自己是誰，滿懷理想的他，終將選擇面對時代的巨獸奮力一搏。」

保羅．奧斯特在《巨獸》裡寫了一段發生在紐約的故事。

在我的記憶裡，朋友或長輩一句當時無心的話語，常影響我往後人生的樣子。只是當時的他與我，都不知曉。

做唱片企畫，常在夜深人靜的時刻，進剪接室剪接，或與導演、設計師開會。某個深夜，我與當時主管，音樂製作人林暐哲搭計程車，到剪接室看楊乃文的ＭＶ剪接狀況。在與剪接師討論完如何調動畫面後，便到外頭沙發區，開始漫長寂寥的等待，等待修改後的結果。

那個夜晚，像我生命中許多無法解釋的神諭之夜。至今仍猜不透，為何當時林暐哲會與我促膝長談，開啟許多影響我人生至深的神祕習題。

退伍後進入黑名單工作室，當時的林暐哲只是個歌手，一個什麼都不懂的大菜鳥。怕被換掉，半夜還偷偷爬起來練歌，每天練，練到每首歌都有許多不同唱法。因此，進了錄音室，便唱得非常穩。還是個菜鳥的他，雖然覺得自己什麼屁都不會，但心裡的害怕卻沒有人看得出來。甚至因為偷偷苦練，使得製作人王明輝發現他的才華。最終，製作完成台灣流行音樂史上經典的《抓狂歌》專輯。

第一次升格當上製作人，是陳明章突然要他先別做自己Baboo樂團的專輯，幫忙製作《下午的一齣戲》。在這之前，林暐哲沒製作過半首歌，《下午的一齣戲》算是處女作，內心十分戒慎恐懼。做那張專輯的過程，使他在音樂生涯裡建立起自大又自謙的信心，覺得自己是塊料，很敢指揮——即便是陳明章，出生之犢的他，還是提出許多音樂製作上的意見。但另一方面，由於尚未累積足夠作品，所以內心仍相當矛盾，一方面相當尊師重道，一方面又誰都不怕。

直到進入魔岩唱片，製作楊乃文的首張專輯《ONE》。因為絕大多數的歌全是出自他的創作，深怕被專業樂手嫌音樂太奇怪或不好聽，於是，許多樂器演奏常靠自己來，甚至有整首歌全靠自己一個人摸索完成——沒有人打鼓，我自己打；沒人彈BASS，我自己來彈……靠自己總可以了吧。

林暐哲大概沒想到，在這些音樂生涯歷練過程中，若某個機會點他退縮害怕，進而放棄了，或許便沒機會創作累積了無數精彩的作品。是好勝心及勇氣，驅使他義無反顧地靠自己的力量，努力不停嘗試，完成每一次的人生挑戰。

深夜，窗外天光漸亮，剪接室外頭，抽著菸，躺在沙發上，煙圈一圈一圈上升，迷濛了彼此的表情。神情若有所思，緩緩對我訴說這些他入行往事的林暐哲，當然沒料想到，這段故事在日後的時光裡，竟深深地影響了一家出版社——五年來，當自轉星球對外在環境的人與事感到不服氣與憤慨時，總會想起那個神諭之夜。那些對話內容，在我內心升起一股力量——靠自己，憑自己的實力，真正去實踐別人無法想像或不贊同的一件作品、一個夢想，才能贏得別人的尊敬，讓那些與你抱持不同論點、不看好你的人，心服口服地閉嘴。

那夜，從黑名單工作室聊起，我們一路回返，讓時光倒流，回溯到台灣五年級學運世代，野百合運動最激昂蓬勃的時期。當時的林暐哲，年輕氣盛，對環境感到質疑，睥睨世態的態度，多少也影響了我。

野百合運動最盛時，念淡江，父親是大學歷史系教授的他，並沒有選擇讓自己投身其中，他只是不時靠近，用懷疑的眼光去看待那些充滿謊言的現實與理想的虛幻。當時的他，早看出其中某些熱衷學運的人，遲早有天會踏上政治之途，終將變成我們心中認為不純粹、不真實的人。

林暐哲充滿自信地娓娓道出當時對那些學運明星的揣測，如今一一驗證，更加深他看人一向精準的自信。我忍不住好奇問他：「那你覺得我以後會變成什麼樣子？」他的答案，對當時的我來說太難以理解。直到今天，我才隱約猜懂那些話裡隱藏的涵義。

「你不用擔心，你未來會變怎樣，我早看出來了。」至今，我仍覺得沒必要向他求證，他當時想像的我，到底會變成什麼樣子？現在的我，和當時他所預期的是否一樣？因為，我明白，至今我們都還清楚記得自己是誰，理想、生活的價值是什麼；依然選擇與時代巨獸奮不顧身地放手一搏。

我一直十分慶幸自己曾有過那段唱片圈的經歷，在那短暫的時光裡，結交了一些能夠時時提醒我，不要在夢想的旅程中，忘了自己真實的樣子的好朋友。

用不同方式回到最初的夢想

離開魔岩到豐華唱片後，我也遇到了重要的恩師。他是曾寫下〈台北的天空〉等膾炙人口好歌，現為豐華唱片總經理的陳復明。

後來，我常在他老婆開的「台北人咖啡」遇見他。無論再怎麼疲憊，他總是滿臉笑容地抽空坐下來與我長談，關心近況。

他與我說話時的口頭禪，至今從未改變過：

「我們不行啦，以後是你們年輕人的天下……」

「當然，這個要事先好好想清楚，如果覺得ＯＫ了，那大家就卯起來開幹啦！」

當他每每提及「開幹」二字，語氣總是如此堅定有力，眼睛張得與他的頭一樣大（許多同事都直接稱呼他大頭，雖然他貴為一家公司的總經理。這

就是唱片圈可愛之處），眼底總是流露著讓後輩感到溫暖的光芒。

某個午後，我又在台北人咖啡遇見他，他主動熱情地問我要吃些什麼，吃牛還是海鮮；要不要來點咖啡或甜點……服務生才剛送上餐具，他竟已悄悄迅速「私掏腰包」結完帳。

他待晚輩依舊如往日熱情。席間有個年輕製作人前來打招呼，他像遇見久違老友般，熱情地為我們介紹彼此。即便已是創作出無數橫跨幾個世代經典歌曲、栽培過無數音樂圈幕前幕後人才（張惠妹、張雨生……）的資深音樂人，他依舊不改往日提攜後輩、謙懷真誠的態度。

當我年逾半百時，也能同他現在一樣，依舊保有音樂人特有的性格，滿懷赤誠與熱情地張開雙手接納身邊的一切嗎？我想很難吧……當我這麼回答自己時，總會在腦中想像，穿越那段橫跨幾近二十年的時光之河，回到我來不及參與的當年時光——

即將離開豐華唱片的最後一天，當我正準備踏出公司大樓，陳復明百忙之中從錄音室走了出來，握著我的右手，不停拍著我的肩膀，叭啦叭啦地感謝了我一番（為何是他感謝我？），並滿懷期待地送給我一句話：「不要忘記，不要懷疑，不管你以後做什麼事，保持你現在的樣子，用這種做事的精神與態度去面對所有事情，事情一定先成功了八成以上。」並教我不要因為將離開唱片圈而難過，以他對我的了解，我對唱片還懷抱著熱情與未完成的夢想，總有一天會用不同方式、角度，回到唱片圈。

如今，當我更長大些，屢屢在腦中重回那個夜晚，浮現的是陳復明說出那句話的瞬間，穿過他的雙眼，在他生命年輕時的某個時空，我與他一同看見，二十幾年前，他曾同那晚一樣，堅定地在自己的內心，向自己訴說同樣的話語與期許吧。

自轉星球創社五年的過程中，我常在對現實感到失落與懷疑時，想起那些話語，然後在心中鼓勵自己，不要害怕與失望，不要因此改變自己，一定要鼓起勇氣，繼續勇敢前進。

後來，我常因為做出版的機會，與音樂人再度碰頭，暢談一些有趣的合作可能，包含後來請李欣芸幫忙製作《不如去流浪》一書配樂。心底總會想

起，原來陳復明說的沒錯，只要對自己初衷裡所懷抱的夢想不完全絕望放棄，冥冥中，命運自有安排，會選擇用不同的方式，帶你回到最初的夢想。

登機

空窗期是人生難得的禮物

「什麼都不再和我攸關。我被一切所遺棄。我是海上的島嶼。」

里爾克的詩裡曾有這麼一句。當初讀到這首詩時，覺得它是如此適合用來描述每個忙碌的現代人的內心。

生活，果然是需要學習的。

有段時間，我一直在思考這件事。

那時，林暐哲製作一張專輯，找我幫忙。發片前，我們開了一個企宣會議，討論該如何面對媒體提問的問題。當時歌手A距離上一張專輯發行，已經隔了長達近三年的時間，那期間她曾遠赴英國留學。我們有共識，媒體一定會好奇問A這段時間跑去哪、做了哪些事。我們希望A據實跟媒體回答：

「我去學習如何生活。」這答案幾乎早變成許多歌手久未發片，面對媒體質問時的標準答案。所以，當時我與A一樣感到十分懷疑、困惑，媒體與歌迷會相信她真的是去學習如何生活嗎？

這問題一直留在我心底，不時會在腦海裡浮現，填滿我許多生活隙縫。經過後來一段長達半年在咖啡館「上下班」的「空窗期」，我終於深刻相信：生活，果真是需要學習的。

約莫在二〇〇二年，我離開唱片圈，人生有近半年的空窗期。年輕時對音樂所懷抱的長久夢想，瞬間失了焦，卻尚未找到下一個夢想的出口。於是，面臨了人生最晦澀、茫然的時刻。那半年大概是我人生至今，最徬徨的一段日子。每天，像是坐困在自己的荒島上，不必上班，失去原本規律的生活節奏，清晨醒來，總是望著空白的行程表發呆，不知所措。

當日子變成不用打卡，朝九晚五的規律生活節奏感瞬間消失，生活變得有些無所適從。某天，突然覺得再這樣像個無業遊民的晃遊者，繼續耗下去也不是辦法，便開始約束、強迫自己像正常上班族一般，每天早上八點出門，帶五本書，到公館一帶的咖啡館找個位置坐下來，讓自己隱身浮游在書

海裡。在一趟又一趟的閱讀虛幻旅程裡，獲得認同，尋求解答——關於當時內心許多不解的疑惑與焦慮。每天在咖啡、書籍與音樂中消磨時光。

中午吃飯時間一到，把書放在原位，跟正常上班族一樣外出用餐。午餐後，沿路閒逛，搜尋汀州路一帶的二手書店，再回咖啡館繼續一天的閱讀時光。在咖啡館念書累了，偶爾會豎起耳朵偷聽、觀察鄰桌年輕人討論的話題，了解他們正在流行的話題與面對生活的態度。就這樣，一個人整天泡在咖啡館裡，直到晚上五、六點，看見窗外的人群越顯擁擠，城市的人們接續放學下班，才敢收拾書包，安心回家。

當時，心底十分害怕被整個社會邊緣化，被社會孤立，跟不上大家的集體行動、運轉秩序。於是，就這麼過了約六個月自律的重複生活。每天在咖啡館裡閱讀、觀看別人真實或虛構的故事，看眼前每個人的表情。才發現，這些看來都有正常工作的人，臉上的表情比我更加焦慮茫然，頓時覺得，自己對於生活，應該還是比他們有想法與警覺的。可以擁有這段空窗期，是人生難得的禮物，應該感到幸福與珍惜。

一百萬的夢想成本

「不滿和憤怒是創業的機會。」

出版人何飛鵬曾在與媒體人黎智英公開對談時這麼說。

二〇〇四年十月二十九日，因對於出版產業的某些質疑，及對自己夢想的偏執與自信，毅然決然地創立了自轉星球。

離開一直是最大夢想的唱片業，眼看當初從五專便立志進入唱片公司當企畫的夢想，在實現不久後便急速幻滅，不知接下來漫長的人生，還可以有什麼堅定強大的夢想，支持自己抬頭挺胸，繼續大步向前。

喜歡閱讀的動力，讓我決定再度為自己的夢想闖一闖，擔任出版社企畫及編輯工作，進入當時業界數一數二的大型出版社。

礙於成本壓力，大型出版社的企畫一個月必須負責三到四本書籍。我覺得自己像是生產運輸帶終端的加工作業員，收到書籍時，離上市時間平均不到兩個月，甚至有時剩不到一個月。分層負責的組織架構，也相對擠壓了書籍企畫的創意發想空間與時間。

前後待了三家大型出版社。許多制式、僵化的思考，讓我對行銷及出版的創意與想像產生許多衝突與質疑。於是選擇離開，給自己的夢想最後一次機會，放手一搏。靠自己累積的微薄存款、向父親及銀行籌資，前後共累積了一百萬元，當作「夢想成本」，給自己五年的時間，努力依照自己對出版業的想像，好好闖闖看。五年內，如果帳上負債超過一百萬，夢想便要宣告畫上休止符，乖乖依循父母的期待，準備國家考試，當個公務員，每個月勒緊褲帶，看能否存足三萬塊，認命用三年來還債。這輩子，休想再思考什麼理想、夢想了。一百萬，是我算過夢想成本最大的極限，也是自己能力範圍內所能夠負擔與處理的。

後來，很幸運的，所有的顧慮幾乎都沒成真。只有在創立的前三年，資金周轉不時顯得有些困頓而已。

自轉星球創立之初，便確立了它的SLOGAN，也是希望堅持的出版精神「在自己的小宇宙裡／用眼睛／看見世界真實的樣子」——宇宙的磁場與航道可以藉由每個人的努力，而有所改變。它代表兩種不同層面的意義：

主要是對讀者與自轉星球每一本書之間建構的關係與意義的期許。每個人都擁有自己獨一無二的小宇宙，當你進入、閱讀一本書時更是如此。在自己的小宇宙裡，閱讀（自轉星球）一本又一本的書籍，像是一段段在腦海裡想像、航行的旅程，每個讀者可以更清楚地了解這個世界的樣子，較趨近真實的人生全貌。

另一個意義，比較像是自轉星球對自己在出版產業上努力的目標與期許。要改變自己的小宇宙，必須先努力讓自己不斷運轉——自轉。

創立自轉星球的初衷及最重要的價值與概念，是當你對這個社會有所不滿、質疑時，得先努力試給別人看，先衝破宇宙既定的規則與方向。某天，當航道、磁場改變了，才發現原來自己已經融入這社會，悄悄且和諧地與它一起公轉了。

航行

年輕時想做什麼就去做

曾問一個年輕攝影師朋友，現在的夢想是什麼。他說，夢想對他這個年紀的人而言，太虛渺空幻，非常不具體。對像他這樣三十出頭，來不及趕上五年級學運世代，理想思潮風起雲湧的時代的人來說，也許累積了某一系列發自內心喜愛的作品，匯總起來後，便是夢想。

設計師好友蕭青陽，雙魚座。始終覺得，或許他跟我同樣有雙重性格的矛盾，才會變成無話不談的好友。我們常在深夜一時興起，相約去逛誠品書店或喝咖啡，分享彼此近況。某晚，公館深夜的「海邊的卡夫卡」咖啡館，蕭青陽勸我都長大了，不要整天再做、想那些風花雪月的事了。（可是什麼時候我才算長大？我可以風花雪月的時間也所剩不多了吧？）又說，人生該趁仍有精力時，多努力創造一些自己喜歡的作品，到了他現在這個年紀時，想做什麼都覺得懶。

兩句話，充滿了極端的矛盾。我們總是習慣吐槽刺激彼此，藉此鼓勵對方前進。我選擇相信，他想告訴我的是後者。

同樣的人生思想，我也在某次訪問中，改聽到一個俏皮可愛的攝影師朋友談起。問她為何二十五歲時會突然從飯店旅遊業離開，跑去學攝影。她的解釋，同現在許多在人生渡口尋找自己未來方向的年輕朋友一樣，「我不想在我人生四十歲時，回想起二十五歲時因為沒去學攝影，而感到遺憾。」

我五年前創立自轉星球時的心情，反而沒像她這般坦然與率真。

我的職場生涯至今，曾兩度面臨「走到懸崖邊」的關鍵時刻。

一是決定離開唱片業，轉戰出版業，二是決定自己創業。也許是鄉下長大培養出的「憨膽」性格使然，讓我十分慶幸，兩次最後的結果都是選擇義無反顧地「往下跳」，而非退縮，往回走，躲進最安全的角落。

往下跳，時間久了，回頭，才發現一切沒什麼大不了，那原本的斷崖，如今看來，都只是一小窪不起眼的水坑。

往下跳，最多只是花光夢想成本，去考公務員或回鄉下賣肉圓罷了。

不過，創業之初，許多繁複的公司運作流程，還是讓我嘗到不少苦頭。準備成立自轉星球時，雖然五專念過企管，大學念廣告，但對成立公司還是一無所悉。天真地以為，成立公司就是準備好資金，向經濟部登記，然後就擁有了一家公司。但，當我花了幾天時間，一個人在咖啡館認真重讀一堆之前念過的《組織法》、《公司法》後，整個人還是霧煞煞。最終，還是放棄，直接花錢委託會計師事務所代為辦理登記。

在校長兼撞鐘的情形下，不僅要一手負責企畫書籍，同時還必須到處尋訪作者，負責編輯、協調通路、行銷宣傳等所有出版相關事務，過程中累積了不少挫折。例如好幾次記者會，因為人力不足，只好四處拜託好友請假來幫忙，同時自己身兼主持人，才順利完成。

第一年，一切剛開始，什麼事情都需四處求人。眼看負債一直增加，卻無太多實質收入。若說當時自己一點也不擔心，其實都是騙人的事後諸葛、馬後炮。當時有好長一段時間，必須靠接出版社與廣告公司的外包案子，才

能勉強維持生計，還曾幾度萌生打退堂鼓、放棄的念頭。

一人公司事情的繁雜程度，絕非一般人所能想像，很容易便耗掉一個人的意志力。所以，堅強意志力的建立，遠比人脈來得更重要，其次才是執行力。大部分的人的意志力很容易被煩人雜事消耗殆盡，面對自己的理想、作品，該有所創新與堅持時，反而在靈光乍現之前便先打了退堂鼓，或中途撐不過而選擇放棄。

雖然一人公司要負責的事情不計其數，相對地，也會讓許多問題變得較單純、清晰。因為每天要不停盤算思考許多不同面向的瑣事，整個人就像一塊全新的海綿，吸收、反省、調整、改變，學習進步得很快，這是在大公司上班較難獲得的。

並非每個人的個性都適合創業，創業前最好先想清楚自己為什麼要創業，而不是只看到他人成功的亮麗表面，不去深究撥開亮麗外衣後殘破不堪的真相，就一股腦兒跳進去。更糟的狀況是，不了解自己想追求的是什麼。

每個人創業或換工作的動機不盡相同。理想性一點的，就像攝影師朋友那樣，在人生的旅途中，至少給自己的夢想幾次嘗試的機會。平凡一點的，只是單純選擇自己想要的生活。不管動機為何，創業有個共通點，通常是你不認同外在，或是不被外在認同，因而選擇自己認同的角色，然後盡全力去將它扮演好。

先搞清楚自己的人生目標、做每件事的動機，接下來，便是義無反顧地勇往前進。

每個人的人生，至少都該給自己一次，為夢想放手一搏的機會。

Take Me Back To

The Start

吳旻龍／自轉星球合作好伙伴

Take Me Back To

The Start

彎彎／自轉星球作者

送快遞的旅程

「Where the cold wind blows. Tomorrow never knows. Where your sweet smile goes. Tomorrow never knows……」

人生，永遠不知明天將發生什麼事。明天，也永遠來不及回頭改變昨日所發生的一切。就像Bruce Springsteen在〈Tomorrow Never Knows〉裡所唱的。

自轉星球初創立時，自己還要親自騎摩托車送快遞。如今想來，當時充滿自在與無限希望的心情，是如此教人懷念。

彼時，公司的書不多，也不像現在一樣，公司累積到一定規模，每天總有做不完的例行雜事。於是，當時連送快遞這件事，都沒請快遞公司，再怎麼忙，颱風下雨，都靠自己來。

我特別懷念那些陽光灑滿整個街道的午後，騎上我的摩托車，戴上iPod的時光——

「He's a real Nowhere Man, Sitting in his Nowhere Land, Making all his nowhere plans for nobody……」

「Pools of sorrow waves of joy are drifting thorough my open mind. Possessing and caressing me……Nothing's gonna change my world……」

「When you got nothing, you got nothing to lose. You're invisible now, you got no secrets to conceal……」

「這個星球從沒停止轉動，只是愈轉讓我愈矇矓，什麼叫做追求，誰和誰整天盲從，我不想再追究……」

耳邊不停重複唱著THE BEATLES、BOB DYLAN、糯米糰……的歌聲，眼前街道兩旁風景，不停往後倒退，自己卻以每小時六十公里的速度直線加速前進。那畫面對我來說，至今仍像極一趟夢想旅程的縮影。遠方，有個彷彿不怎麼顯眼，卻又似乎清楚無比的目的地。我對這個世界投以噗嗤微笑，反向前進。這是我的選擇。偶爾，我會在嘴裡哼起五專時愛唱的一首民歌，「我背著金色陽光，你看不到我的方向……」然後，一個人開心前行，很快便把文件、公關書送到媒體或書店等目的地。

偶爾，白天事情較多時，會在一天工作結束，半夜才送書到電台。樓下的警衛伯伯常帶著疑惑的表情，關切詢問：「你們是哪家快遞啊？怎麼工作到這麼晚？會不會太辛苦了？」我總是瞬間回到童年時光，習慣編織一齣荒謬惡作劇的往日歲月，偽裝扮演快遞的身分跟他們瞎扯：「不會啊，你們要站到早上比較辛苦吧……」轉身搭上電梯。

到了電台，櫃台小姐的反應制式、冷淡許多，通常只是平淡不帶任何表情地問：「要簽收嗎？」當我回答不必，轉身準備急速跑離之際，眼角餘光總會瞥見她們露出「莫名其妙」的表情。為此，曾經一度想去影印快遞簽收單，好讓那些櫃台小姐稱職地完成簽收任務。

那畫面，至今仍讓我有種偽裝成功的犯罪快感——他們都不明白我真實

的身分：一家出版社的社長。就像當時，許多人都不懂自轉星球的夢想是什麼，到底想玩些什麼樣的把戲一樣。覺得自己正在進行一個祕密計畫，不停捉弄、嘲笑現實世界，用堅定的夢想與現實社會開個大玩笑，對他們做個鬼臉，甚至比出中指，然後轉身，「嘿嘿，你們都看不懂吧。」非常自以為是地，繼續做著當時很難被理解及解釋的夢想。

或許，這就像詹宏志曾說的：「創業就是全世界都認為錯，你卻認為對，而去證明。」

但當時的夢想，其實在我心裡已經有些鮮明的畫面想像。

希望藉由一年四本書的出版，持續累積，關注社會上各式各樣新鮮有趣的「角落人生」。《不如去流浪》的文本，在大家的知識想像中，應該是最接近角落人生的，但彎彎也是。彎彎的書，在我心中，是希望讓更多人了解存在辦公室各角落裡的辛酸、苦悶、歡笑……各種職場生活文化，及台灣社會失落已久，關於對閱讀漫畫的渴求。彎彎後來變成許多小朋友的偶像，在班上爭相傳閱她的書籍。這也證明了，大家長期以來對於童書市場存在太多大人的定見，將它看得太狹隘了。童書的角落，其實不盡然只是大人一味地餵養大人認定的知識學習就能滿足。

另一個夢想，畫面更為具體。只是單純在心底想像，一年四本書，拆開來，大家很難看得懂你對書比較遠大具體的想像是什麼，但當自轉星球五週年時，在書店辦書展，平台上擺滿自轉星球二十本書（如今只出十五本），任何一本書拿起來，都不會讓自己感到心虛。或許那時，有些跟你的品牌個性氣味相投的讀者，便能理解，會心一笑，「喔，原來你們就是想這麼搞啊。」

十五個夢，五年的時間，層層堆疊，打造出自轉星球現在的樣子。

不斷爆破，開啟一座花園的誕生

創立自轉星球，心底有兩個中心思想。

一來覺得做獨立／一個人的出版社，像是在搞爆破，要懷抱著爆破的精神去看待剛開始幾年的許多事情。二來，要認知自己是生長在角落，需靠自己堅韌的求生意志力，自力更生的野花。期待有天，野花也能蔓延成花團錦簇的露天小花園。

自轉星球成立至今，特別是前兩三年，做過的許多事，真有點像在搞爆破、打游擊戰。在某些產業環節上，丟出一個創意或新的想法，希望試著打破大家習慣的市場思考模式。藉由東炸一塊，西炸一塊的方式，經過一段時間後，回頭看看那些炸過的廢址，在大破之後，留下的不就是充滿亟待重生的契機嗎。

每本書，都是許多爆破的串連，火光聲起，看著爆炸時炫麗的豔火，心中充滿無限想像與期待。但七彩豔火都只是瞬間，熄滅後的寂寥落寞，迫使得你必須努力再尋找下個爆破目標，沒時間留在原地不停感傷。

但有時，爆破最先傷害到的反而是自己。

自轉星球前兩年走得太快了。雖然如今，眼看台灣獨立出版如同獨立音樂、電影……早已蓬勃發展，蔚為風潮。但在它草創初期，有許多事是比現在艱難卻也幸運許多的。

每年設定只出四本書的目標，是依據自己的有限精力及資本衡量計算而來。希望每本書都能夠得到百分之百的照料，不像傳統大出版社或唱片公司，有大小眼以及賭十中一的賭徒心態。每本書，用自己的理想性，盡可能發想、發揮最大的創意，去嘗試一些不一樣的東西——不管是題材、編輯、包裝或行銷，看市場會有什麼樣的反應……希望衝撞出版產業各個環結與結構，帶給大家一些新的思考方向。不停創造累積許多「小破」，希望能夠建構成「大破」，讓整個環境產生大立的氣概與眼光格局。

當時，希望用三年的時間，打破市場規則，大破大立，把外在和現實需要配合的因素減到最低，例如始終維持只有自己一個人及沒有辦公室的公司規模，省下一些固定成本，讓自轉星球對書的理想性盡可能放大到極限。

例如第三年初出版《不如去流浪》，包裝形式的特殊，導致許多書店店員不知該如何上架、歸類，像雜誌不像雜誌，像書又不像書。當時，每天有接不完的書店抱怨電話，必須花費許多時間與精力，和書店溝通之前早溝通解釋過的細節。雖然對一間出版社來說，耗損精力且吃力不討好，但若放在「搞爆破」的自轉星球原始中心思想來看，便找到了說服自己、合理的思考角度——若能藉由像《不如去流浪》這樣一本書，讓大環境開始去探索思考，為什麼雜誌不能像書，書不能像雜誌；為什麼一定要符合大家所習慣的既定規格與包裝……若每本書都能像這樣，帶給市場各環節，包含讀者一些不同的感受與思考。長久累積下來，大家便可以學會一些創新的經驗法則，與更多無限的想像空間。

或許這五年來，自轉星球的確學到某些經驗法則，回首那些歷經爆破所留下來的傷痕，依舊感到驚心動魄，卻也能從中窺見生意盎然的沿路風景。眼見獨立出版在台灣似乎已經蔚為一股風潮，特別慶幸自轉星球在街角出生，卻適逢一個絕佳的天時地利時間點。如今，隱身於這浪頭裡的有志之士，勢必將比當年的自轉星球更為艱辛。自轉星球的草創期，即便生長在破馬路邊，忍受風吹雨淋，而非一座眾人稱羨、光彩耀眼的大花園，五年來仍舊備受許多擦身而過的人們寵愛、支持與照料。這些幸運、禮遇與眷顧，隨著大環境的變遷，已是後進有志之士所難享有。

如今，在出版、唱片、電影、設計……各領域的破馬路邊，不時紛紛冒出各種姿態出眾，生動搖曳的花花草草，自成風景。誰說，有朝一日，他們不會蔓生成一座美麗的大花園。

用不服氣對抗不景氣

這一兩年大環境經濟的不景氣，包含出版業，常會被媒體及同業疲勞轟炸，不停問及對此有何看法。像個企圖把每個同在這艘船上的人，全都拖下水的「陰謀」。後來我與唱片圈的朋友，聊到一個想法，終於可以拿來堵住這個問題。

在這樣的環境下，我們選擇相信——

「不景氣考驗一個人的才氣，用不服氣對抗不景氣。」

當「不景氣」的字眼如同魔咒般充斥整個城市，每個人都必須選擇相信自己，用自己的勇氣與意志力，不受外在環境氛圍影響，努力積極做好自己想做的事，稱職扮演好自己的角色，用實際行動來反抗大環境；反抗不景氣；反抗整個社會想拖你下水、讓你和大家一樣過得不開心的陰謀。讓自己快樂；讓自己的理想在不被期待、不被看好下實現；讓不景氣的魔咒與陰謀，無法在你身上得逞。

我常想，我做過的許多書與行銷創意，自己絕對不是第一個想到的人。這城市，比我有更好的點子的人太多了，差別只是在於，大部分的人遇到問題時，習慣先想到的念頭是「怎麼可能」，而我是那種任何事情、點子，都老是先提出質疑，設想「怎麼不可能」的人。例如，電影、電視、廣告……都有配樂，誰說一本書就不能有配樂？後來，我找了曾得過金馬獎與金曲獎的好友李欣芸，為《不如去流浪》做了一張配樂專輯《在流浪的路上》，放進書裡。

由於自己創業，沒人限制我對出版的熱情與想像，可以讓整個過程充滿多一點的實驗性與理想性。有時，別人的質疑，對天生反骨的我來說，反而會變成最大的動力。心底常叮嚀自己「要相信自己的眼光，並堅持努力完成它。」

自轉星球五年來，幾乎所有作品都是在這樣的心態下完成的。因此，也累積了不少疲憊與壓力。某晚夜裡，在夢中，我喃喃跟自己說了一段話：

「當我真正懂得責任這兩個字，我才真正變成了大人，而我是幾時真正長大、變成大人的？」

夢醒後，我開始回顧這五年的過程，自轉星球每本書都像自己的小孩。開一間公司、做一本書，就像生一個小孩，你必須長大，成熟，必須培養累積足夠的勇氣與責任去承擔、照顧它，成長的旅程是無比艱困與漫長的。

畢業踏進社會後，我還是常覺得自己跟學生時代一樣，與現實社會有很深的格格不入之感。還是習慣躲在遠遠角落，用不服氣與懷疑的眼光，去觀看這個世界裡所有的人與事。我不愛主流，但我有一點點能力與個性，想把原本較冷門的東西，變成大眾可以接受的，這是我必須具備的專業。有些人，因自轉星球只有一個人，做的書又有一點實驗性，而將它歸類為獨立／非主流出版社；又有人因為它出版了彎彎大賣，而說它是非獨立／主流出版社。這些事很好笑，也很荒謬。獨立／非獨立，主流／非主流……究竟誰有資格、憑什麼去界定？界定了又如何？對許多文化藝術工作者來說，做出版、唱片、電影……不過是在一個又一個不同的夢想之間，不停做夢，不停

自我完成，挑戰更多的可能罷了。
主流、獨立的畫分，對他們來說一點意義也沒有。

每本書都是一段賴床時光

每本書對我來說，都是一個夢想。做書的過程完全像是一場做夢的旅程，只是每本書的夢境長短有所不同。

我做書的興奮期通常只有兩個星期，同時也是焦慮期。

每本書出版後第一、二週是我最焦慮的時光，會不停反覆翻書，回想整個漫長的出書過程，邊喃喃自語——

「書怎麼會變這樣？和我當初想的不一樣。這個地方好像做錯了，當初不應該這樣做的。」

「昨天還在擔心這些、那些，怎麼今天醒來，所有擔憂的事都迎刃而解，書已順利出貨了。」

「這個地方，做出來比我想像中好看，酷多了……」

種種呢喃囈語，均像起床前十五分鐘的甜蜜賴床時光，不停回想昨夜究竟做了怎樣的一場夢。是好，是壞，都像是學生時愛彈唱的一首民歌——「夢境／會成為過去／有如朝陽終將離開……」終究，還是會成為過去的。於是，兩週後，義無反顧地起身，洗把臉，推開門，把昨晚夢境遠遠拋在腦後，遺忘，再度朝外面的真實世界走去、戰鬥，迎接全新的一天，下一場夢境的到來，下一本書，下一個神諭之夜。

賴床時光，當然不只發生在一本作品完成時，畢竟五年來自轉星球也才出版十五本書。平常的日子裡，早上醒來，賴在床上，腦海裡會不停想著昨天發生的事，思考為什麼有些事不能解決；為什麼人與人之間的溝通如此複雜；今天是不是應該更加努力去完成某件事，把它做得再好一點……

更常遇到的是，每晚睡前，一個人躺在床上，想到今天做過的許多決策與決定，有許多是別人未曾嘗試過、無跡可循的。心理承受的壓力當然非一般人所能想像。

每一本書都是一個夢想，一個夢境的旅程。唱片也是。

同樣是夢想，做書與唱片，除了預算資源天差地遠之外，過程的專業思考其實有許多是相同的。

自轉星球這五年來，我希望每本書都能有自己鮮明的個性與主題。就像之前在魔岩唱片時一樣，陳綺貞、楊乃文、糯米糰……每個ARTIST都有很不一樣的自我風格，對自己的作品也都很有自己的想法。然而，在台灣要找到一個擁有自己創作風格、想法的新作家，其實非常不容易。

彎彎的例子，對我來說是一個很好的學習過程。

許多事情問彎彎，她都會因為不太有想法而說「好」，有時又會突然受身邊的人影響，後悔說剛剛那件事情好像有點「不太好」。七年級生比較無厘頭，和他們溝通時，較難抓住他們內心的想法。

彎彎和一般印象中的作家有很大的不同，她只想專心畫畫，其他許多事都必須靠其他人幫忙規畫，例如下一本書該畫什麼題材、新書封面該長怎樣。這些事情，對傳統大多數作家來說，甚至不會希望出版社介入。

經過四年的合作及磨合，自轉星球與彎彎已經建立起彼此分工的模式及信任，許多事溝通起來變得清楚、順暢許多。

整個台灣社會不停在改變，很多昨天習慣的事，今天不一定可以順理成章。例如出版社有沒有辦法像國外行之有年的出版經紀模式一樣，培養編輯對於作者的寫作生涯規畫，有起碼的討論與建議的能力。當初簽下彎彎經紀合約時，便覺得這將是未來的台灣趨勢，剛好我們很幸運地一拍即合，累積創造了一些成功的經驗。

社會趨勢不停改變，只要培養自己對市場足夠的敏銳度，以及練習看準、抓住一個潮流的浪頭，許多事自然可以有不錯的表現，有令人意想不到的驚喜與成績。但台灣出版界長年累積下來的文化，讓許多人通常無法在面對潮流時掌握得很好，而是習慣跟著既有安全穩定的軌道、模式走。自然而然，便比較難抓住創造新浪潮的機會。

生活的靈感來自於看人

「閒暇的午后，黃俊隆卻又化身十九世紀末的法國詩人波特萊爾（Charles Baudelaire），漫步於城市的大街小巷，閱讀熙來攘往的人群與琳瑯滿目的招牌。伸出流行文化的敏感探針，他在公館的二手書店挖掘創意；側耳偷聽青年學子的八卦蜚語，他在西門町趕上文化的流變。」

這是自轉星球早期的訪問之一，原刊於《天下》雜誌第三三九期，二〇〇六年一月十八日出刊，王曉玟報導中的一段。

我愛逛街，也愛觀察人們各種千奇百怪的行為，特別是在街上、公園、書店、咖啡廳……一直以為，像我這樣幾乎每週不只一次會站在書店新書平台前發愣許久的人，一定常被陌生人誤認為是瘋子。直到某天，我發現我不是唯一會被誤認為是瘋子的人，即便是瘋子，應該也不是最嚴重的那個。

上班族漸次走出辦公大樓的傍晚，書店擠滿了人。我又例行來到敦南誠品書店，在入口正面那「座」新書平台前徘徊、呆望許久。某刻，回過神，才發現身旁有個人高馬大、雙手緊抱胸前、表情比我嚴肅不啻上萬倍的大漢，已經在原地佇立好一陣子。那人正是鼎鼎大名的傳播創意人——王・偉・忠。

原來，不只有我想藉由親身的田野觀察獲得一些生活靈感。想要創造出結合現實生活脈動又饒富趣味的作品，第一步似乎必須從可能被誤會為痴漢的基本功開始。連王偉忠這樣忙碌的老闆，都得親自花上如此冗長的時間，做出跟我一樣看似奇怪的事情，其他從事行銷創意工作的人，更需好好檢討、學習。

有了那次經驗，我對於發呆看人一事，特別是在書店，便更加理直氣壯起來。

早期，在新書剛出版前幾週的蜜月期，我會習慣到書店做田野調查，了解究竟是哪些讀者會拿起自轉星球的書。當時，公司的事情不像現在這麼多，更重要的是，對每一本書都還懷抱著滿滿的熱情與衝勁，或許更多的是「天真」。

關於書店田野觀察的經驗，印象最深刻的，得回溯到出版第一本書《日常vs.荒島的一天》。

《日常vs.荒島的一天》醞釀了近一年，在周遭朋友普遍不看好的狀況下終於在書店上架，我幾乎每晚花不只一小時的時間，到台北各大書店親自察看。除了看書籍上架位置、書店文宣、DM擺放張貼狀況外，更多的時間是觀察每位讀者拿起書時的反應與結果。偶爾，還會像個怪叔叔似的，忍不住上前與他們攀談——問他們為何會想拿起這本書；乍看之下有什麼感覺、想法……最後通常會表明我的身分，並努力鼓勵他們買下這本書。不管他們是否買單，都會從包包裡拿出一套四份、設計相當精美的「荒島鞋書籤」答謝他們。

回首當時，真不知自己哪來這些勇氣與時間，可以去做這些事情。

如今，當我懂得更多產業的制式運作規則，對於去書店做田野觀察反而

失去了熱情，同時世故地覺得，書的銷售成績絕大部分都是商業體系運作下的結果，田野觀察能得到的幫助與改變，已變得相當有限。

和現實交手的勇氣

逞強與堅持，最後結果不一定都是好的。但這五年，或許上帝已把我整個人生所有逞強與堅持後應得的禮物與鼓勵，一次全部送給我了。

在出版第三、四本書前，心底還須不時盤算每月存款是否足夠支付負債的問題。依然抱著且戰且走、做一本算一本的心態。以當時手邊現有的資金與一個人的人力，很難同時在四個月內出兩本書。

如今回想起來，連自己都不太敢相信，我的人生，曾有一段如同許多報章、書籍、電視節目經常報導的故事橋段，老梗。

自轉星球第一年，幾度連生活費都湊不大出來，還曾連續幾個月沒繳房租，連代收兩位室友、要幫忙拿到銀行一起匯給房東的房租，也被私下偷偷拿來運用，一直拖到自己在外接案的稿費入帳後再偷偷去繳。

忘了是人生的兩段空窗期，還是自轉星球的第一年，一段許多音樂人幾乎都會經歷到的故事，活生生在我身上上演。當時為了籌措現金，幾經思考掙扎，最後終於忍痛割愛，把跟在我身邊數年，一把好幾萬元的西班牙手工木吉他賣給朋友。有了這段親身遭遇後，往後再讀到任何這類故事，心裡已沒太大感覺。發生在別人身上，再怎麼感人的故事，都比不上自己親身遭遇來得刻骨銘心。

二〇〇五年十月，彎彎與蕭青陽的書同時在進行著。原本為了完成蕭青陽的書，曾一度想放棄彎彎。一來手上沒有足夠的資金可以周轉，二來自己同時負責撰寫、編輯、企畫蕭青陽的書，極力想要做到最好，完成一本自己心中認為最完整的作品。整個人忙到焦頭爛額，幾近分身乏術，很難想像還有多餘的時間及精力，可以同時完成另一本書。誰也沒想到，憑著自己一貫好勝、逞強的個性，心想且戰且走，遇到問題總可以找到解決的方法。歷經一段完全遺忘了日夜分際，每天眼睛張開就是做書、做書、做書的日子後，兩本書便水到渠成，順利在書店上架，同時均獲得口碑及銷售上極為不錯的成績。

二〇〇六年一月一日，彎彎的《可不可以不要上班》銷售早不知突破幾萬本，蕭青陽的《原來，我的時代現在才開始》也有不錯的口碑迴響及成績，自轉星球也獲誠品《好讀》選為「二〇〇五最佳獨立出版社」。

中午，我們辦完自轉星球第一次尾牙，晚上在誠品信義店舉辦彎彎與蕭青陽的簽名會。活動開場先播放用那一年多來的照片剪接而成的自轉星球社歌ＭＶ，接著由我上台致詞。耳邊還迴盪著社歌〈夢想〉的歌詞——

「你對生活有什麼要求／有時候也很懵懂／不管你堅強還是脆弱／都要跟現實交手……」

腦海不時浮現ＭＶ裡及一年多來許多經歷過的畫面。

接過麥克風，話才說不到第二句，便已哽咽，終至泣不成聲。台下的蕭青陽走上台來接過麥克風，代為表達對在場所有讀者的感謝。

那一刻，內心百感交集，如今回想起來，最重要的，或許是感受到，一切的堅持總算有了代價。

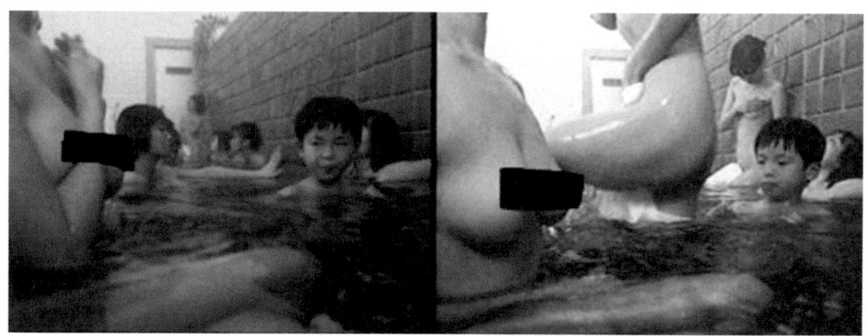

Take Me Back To

The Start

蕭青陽／自轉星球作者

Take Me Back To *The Start*

劉憶韶／自轉星球第1號員工

懷抱著初衷的菜尾人生

邁向自轉星球第五週年之際，除了花許多時間思考接下來五年、十年……該往哪個方向，有更多的時間，受到做《孫大偉的菜尾與初衷》一書的影響，開始回頭思考、檢視，當初創立自轉星球的初衷是什麼。

成立自轉星球時，沒有任何人真正教導過我如何編輯完成一本書，全憑自己做唱片的經驗及對書的無限想像與熱情，一路編出差強人意的十五本作品。

五年來，我從編輯的門外漢，逐漸學會出版上許多專業知識、經驗，然而，可怕的包袱也跟著如影隨形的出現。庫存、財報當然會影響你的心情與決定；開始不停思考自轉星球未來的走向是什麼；想做某些書，但它符合自

轉星球的風格嗎？

包袱多了，讓我偶爾會想，五年後的我有比當時快樂嗎？開始懷念起，當初只能在小小三四坪大的租屋床邊，同時完成彎彎第一本書《可不可以不要上班》及蕭青陽《原來，我的時代現在才開始》的書稿。那些單純、渺小極易感到滿足的快樂。

單純做書的快樂離我越來越遠，眼見自轉星球累積越來越多的菜尾——每天忙不完的信件與電話、財報會計、進退貨、無謂的宣傳通告……種種雜務，幾乎占了我一半以上的時間，當然再無法享受以往單純只是默默把每本書編好就好的快樂。

常與資深編輯朋友們聊天，問他們為何能編書一編就十幾年？編書帶給他們最大的快樂是什麼？得到的答案幾乎千篇一律——快樂通常非常渺小，好比遇到好的作者，有一段開心的下午茶聚會；看到美編做出令人驚喜的封面；看到好的文字、照片、故事……都只是一本書編輯漫長過程裡的浮光掠影，瞬間即逝。更多時間是看到銷售數字後的愁容滿面；更漫長的煎熬，是一個人默默埋首伏案，面對反覆無盡的文字之海及無邊的孤寂。因此，我相當敬佩，更羨慕那些投注漫長時光，專注完成一本又一本書，幾乎要以身相許，把編輯當成一輩子志業的「編輯職人」。

除了編輯，還有許多一輩子辛苦只做一件事，卻甘之如飴的職人。例如我現在的房東徐爸、徐媽，他們每天一大早四五點便起床做麵條，直到晚上七八點才收店。六張犁地區麵攤所賣的麵，幾乎全是向他們家進貨的。這樣的日子持續了二十幾年，每天看徐爸、徐媽在麵店工作，依然懷抱著令人羨慕的爽朗、知足笑容。

這樣的笑容，我們常在台灣許多角落發現。編輯在自己的桌面伏案的笑容，卻是難被看見，相對寂寞的。

某次，孫大偉在聊天時告訴我，夢想有時就像登山，當你爬得越高，一定會感到越孤單，那是理所當然的。但當你感到孤單害怕時，別忘了拿起手機試著撥給朋友。這時，你會發現，好朋友正在對面那座山，在同樣的高度，揮手向你打招呼。原來他們一直在不同的角落，與你一起朝著夢想努力往上爬。有什麼好害怕、孤單的？

人生，在追求夢想的過程中，有越積越多的菜尾乃為必然，也因此，人生才顯得如此百味雜陳。就像孫大偉說的，人除了剛出生外，沒一樣東西是全新的，廣義說來都是菜尾。如何在菜尾這舊有的基礎上，不斷翻出新意，化陳為新，且還能緊緊懷抱著初衷才是最重要的課題。

這段話，聽在五週年的自轉星球耳裡，帶給它極大的反省、衝擊與前進的動力。

旅伴

藝術家的堅持與困境

攝影師好友的助理A即將離開待了兩年多的工作室，到日本湘南延展那美好的異國戀情。攝影師特地為他拍了部記錄片「一天」，記錄A從起床到下班，最後一天工作的過程。如此平凡，細瑣，輕盈，彷彿那只是生命中無關痛癢的某個日常。

看完紀錄片，心想，若是自轉星球的最後一天，我將會如何安排。同時好奇，一天這麼多細瑣事務不停重複，怎樣都難想像工作室少了他，會發生哪些狀況。

A離職的第一天，攝影師寄來發票請款，剛進公司的我，坐在椅子上，急忙打開信封，見了請款單後仰頭大笑，久久無法自己。藝術家果然不適合做祕書之類的工作，攝影師朋友是離不開A的。信封裡非但忘了附上該開的發票，同時結銷的發票統一編號、稅內或稅外等細節，幾乎錯亂得一場糊塗。

大笑過後，我強迫自己快速回神，認真處理一整天忙不完的工作。一會兒回廠商的信，一會兒應付響不停的電話……總之，一如往常，盡是些狗屁倒灶的煩人雜事。精力耗盡前，想到這個攝影師朋友的笑話，突然覺得那不是一則輕鬆的笑話。

為何身邊有許多年輕一輩的藝術家，必須花大把時間，親自去處理面對這些狗屁倒灶、理當交由祕書處理的事情？自立門戶，單打獨鬥，幾乎成了許多業界的常態。五年來被種種瑣事纏身之際，常在心裡兀自嘟噥：「瑣事真是消耗一個人創作力最大的惡魔。」雖說靈感、創意往往來自於生活經驗，但瑣事纏身的生活，究竟可以反芻多少美好的生活經驗。

台灣，島嶼太小，社會太吵，待在這裡，很難不受外在聲音、環境的影響，創作的格局、眼界很容易變得狹隘，較難大器。

因此，在台灣，即便是像蕭青陽這樣已經三度入圍葛萊美獎的頂尖設計師，也難免遇到必須出走的困擾。

那個冬日午後，在氣溫不到一度的紐約，我和蕭青陽兩人窩在中央公園附近的咖啡館，漫談夢想。那是二〇〇八年第二度入圍葛萊美獎的旅程。蕭青陽堅定而激動地對我說：

「我做唱片都做了二十幾年了，現在又入圍了兩次葛萊美，你想，如果我接下來繼續窩在小小的台灣，不搬移出來，每天在那小小的地方，忍受烏煙瘴氣的新聞，跟所有都是認識的設計師朋友競爭，那我接下來的設計師生涯到底還可以走多久、多遠……」

終於，今年年底，蕭青陽與紐約的爵士唱片公司談好了合作案，準備前往當地進行為期約一個月的合作。

「文化藝術工作者就應該待在這種地方，沒騙你，你接下來也要計畫一下，回去準備把你的出版社搬到美國來才對……」蕭青陽改把矛頭指向我，勸起我來。雖然常在對出版業整個生態環境感到力不從心之際，心生出國闖闖的念頭，但我的理性戰勝了衝動，沒被他說服。

後來，我們完成了第二度葛萊美旅程。回到台灣，重回充滿狗屁倒灶的日復一日，回到各自的人生困境裡。然後不為外人知、不為外人道地，獨立去面對、完成所有的課題。我們看到的，總是蕭青陽歡樂與玩樂的一面，但很少人知道三度入圍葛萊美獎這件事，對他來說是一次又一次的漫長困境所累積串連而成。

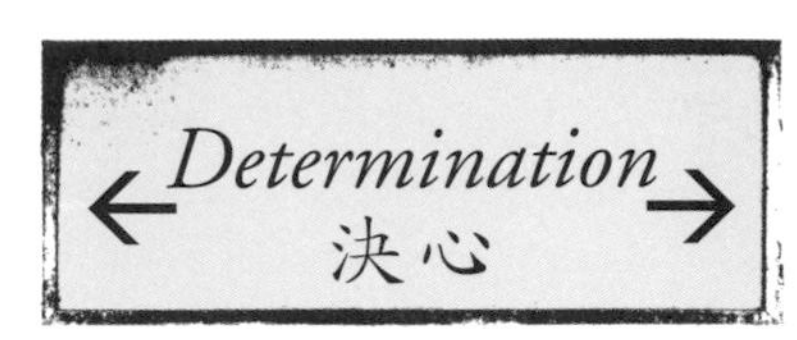

在流浪的路上

「在短短十六個月之內，每一個對他生命重要的人都相繼死去。他的語氣很超然，就像是在談別人的事，但聲音深處卻透著悲苦。首先死掉的是他父母，接著是他太太，接著是他兩個小孩——或者死於疾病，或者死於意外。等所有家人都下葬以後，他覺得自己已經五內俱裂。『我看破了。』他說：『沒什麼再值得我留戀，所以我便當了流浪漢。』」

保羅．奧斯特在《失意錄》裡描述一段他十六歲時，在一間暑期活動中心當侍者，認識許多從街頭被老闆請回來的廚房幫傭，其中一位名叫法蘭克的故事。

出版《不如去流浪》，想傳達的是諸如此類的角落人生。

流浪，一直是現代社會文化、商業上不斷被提及、消費的議題。

二〇〇五年，我與蕭青陽一同前往美國參加葛萊美獎頒獎典禮。無意間，在L.A.發現一群流浪漢的社區。當時感到相當驚訝——原來，流浪漢也可以自成一個社區?!他們的生活、人生背景，想必充滿許多有趣、令人好奇的故事。

那年起，開始在心底醞釀拍攝世界各地流浪漢影像的計畫。鎖定台北、L.A.、倫敦、巴黎、東京五大城市，展開維持近兩年的拍攝旅程。起初，純粹只是希望先拍下影像，並在過程中努力觀察，拍完後再決定如何將它編輯成一本書。

原本以為它或許會變成一本社會學之類的書籍，但當所有影像拍攝完成後，發現故事才是最重要的核心、最吸引人的部分。於是，改找小說家、詩人、作家、音樂人，用小說、詩、歌的方式，詮釋演繹這群流浪漢的故事。不必理性交代讀者，他們為何成為流浪漢，將所有故事的可能性，留給讀者自由想像的空間。

有天，當我們終於可以得到全然的自由，一個人真正身體力行去遠方流浪時，內心真正感受到的究竟是什麼？與書裡那些世界各地真正的流浪漢相比，到底有什麼樣的不同？

《不如去流浪》就是在思考這件事，同時也是對我身邊的一些朋友，包含我自己的一種諷刺。這可能是現今社會的某種縮影。每當我們遇到工作不順利時，總會在心底浮現流浪的念頭，心想：「不如收拾起包包，流浪去吧！」但真的流浪，總是夾帶不少恐懼與壓力，並非像大家所習慣、想像的，像觀光那樣舒適自在，更不是當你想家時，就可以隨時回家，重拾自己原本熟悉的生活那麼簡單。

真正的流浪，並沒想像中浪漫。

整本書除了題材精神的完整性外，在包裝印刷上，完全顛覆了傳統「書」的形式。

外包裝是一袋真的可以直接寄出的牛皮紙信封袋，象徵流浪漢的行李箱，裡頭裝滿流浪漢在旅程中所需的各種行頭、配件——

兩本以騎馬釘裝釘的書冊，運用五種不同尺寸規格的不同紙張，層層堆

疊，像是穿在流浪漢身上的衣服，習慣一件件往身上加的「多層次穿著」。旅途中，疲累不堪，想寫封家書回家，但家、家人在何方？象徵流浪漢家書的明信片，正面是象徵流浪漢旅途中自拍的身影，只是，思念不知該往何處投遞。蓋有不如去流浪LOGO的舊報紙，是流浪漢必備的地毯、被單。一張專為流浪漢量身打造的配樂專輯《在流浪的路上》，是流浪漢旅途中所留下的聲音氣味。兩本書中夾頁插入台灣以外，其他四個國家的報紙，是我們印象中的流浪漢時光。讀者閱讀五個城市的流浪漢小說之際，會不小心讀到該城市某天報紙的某一版，剎那間，擁有閱讀五張報紙時間的偽流浪漢時光。

兩本書冊分為「HOMELESS」與「HOMESICK」。「HOMELESS」是將流浪漢影像，分成五個城市寄給五位小說家，閱讀這些照片，為他們量身打造，譜寫故事。「HOMESICK」對我來說是個充滿心機的對照組，在封面包裝上被稱為「偽流浪」。如同你我經年的旅行，我找來十位作家，分別書寫他們一個人前往一個陌生城市「流浪」的經驗。流浪究竟是自然浪漫因子的展現？還是需要經過許多實際、現實的考量？從這些文字中可以看出，真正可以完全不帶一絲目的，拋下原有一切，一個人自在瀟灑去流浪一段時間的人其實很少。HOMESICK當然不像HOMELESS，如果你想家了，隨時可以回來，很清楚自己下一步，最終，還有一個可以收容你的家、城市。但真正的流浪漢，有幾個人知曉下一步是什麼？

《在流浪的路上》配樂專輯，特別邀請好友、曾獲金馬獎最佳電影配樂的李欣芸操刀。仿效電影配樂的流程，讓她先閱讀這些文章與照片，然後分別為台北以外四大城市的流浪漢故事，寫下屬於他們各自的歌曲、配樂。拍完流浪漢影像，內心有許多情緒無法光靠文字抒發，便把握此機會，完成為一本書打造一張配樂專輯的夢想。不管是音樂及專輯的包裝，細緻的程度，幾乎不亞於市面上任何一張演奏專輯。

除了配樂，最大的工程是必須蒐集五千份舊報紙，並蓋上LOGO。報紙對流浪漢來說，是極重要的物品。是他們的地毯、棉被，同時亦是他們與現實世界無聲溝通的媒介。藉由手上報紙，試著了解那些屬於同一城市，卻住在不同地方的人們都在想、做些什麼。

五千份報紙，足足花了一個多月的時間才蒐集、趕工完成。當時，除了麻煩唱片公司、廣告公司朋友幫忙，還特別連兩週拜託記者朋友，帶我潛入報社載回當天留下的報紙。同時，在每晚八點半社區垃圾車來之前，特別到垃圾回收點將鄰居準備丟棄的報紙搬回家。

報紙蒐集完成後，便吆喝親朋好友，連續三個週末一起來幫忙，將所有的報紙蓋上刻有「不如去流浪——有時，我們活得不如一個流浪漢」、「不如去流浪——如果人生那麼精彩，就不必去流浪了」LOGO文案的橡皮章。

五年多來諸如此類的瘋狂點子不計其數，讓自轉星球，像是一家接受家庭代工的手工業工廠。

耗時約兩年完成《不如去流浪》，除了口碑、銷售及各種獎項的鼓舞外，讓我對現代社會文化有許多深刻、不同的思考。當整個現代社會不停追求更舒適、充滿物欲享受的生活之際，反而形成另一股反撲的力量。越來越多人渴望返樸歸真，不希望和大家一樣過著每天追逐物質的生活。當我們沒有足夠的文化、藝術涵養時，過多的物欲與物質追求，反而會給自己帶來更多、更大的壓力。

曾在媒體上看到一則報導。現代年輕人收入太優渥，有一群才三十幾歲的有錢貴婦，擔心自己未來哪天突然變得很沒錢，於是開玩笑，到時，頂多拿著手上的ＬＶ包包去流浪。讓人感到極度衝突，這衝突像是現代文明社會的「罪與罰」，她們選擇的到底是去流浪還是ＬＶ？這中間有很大的矛盾。

有次還在報紙上看到，有個三十二歲、畢業於美國長春藤名校的年輕人，回到台灣後，歷經各種不如己願的工作後，最後選擇當了一個流浪漢。

流浪漢為何最終會變成一個流浪漢？

《不如去流浪》整本書的精神焦點，是那些社會中非受迫或半受迫，自發選擇的那群。「自發選擇的流浪漢」在台灣社會的觀念裡，有點難以理解，在歐洲卻是一種普遍的社會文化現象。人生，有許多不同的路，不同的選擇，每個不同的選擇，都注定像是蝴蝶效應一般，有形無形地影響了我們往後的人生。

如果，心中沒了夢想，有時還真的如同這本書其中的一句文案，不禁感嘆「有時，我們活得不如一個流浪漢。」

夢想開始的地方

冬日夜晚，一〇一大樓前，寒風凜凜，我與她相約下班後七點，在一樓的LAVAZA咖啡。那是我們第一次見面，兩人不約而同忘了帶彼此的電話，一個人在裡頭，一個人在外頭廣場，等待對方的出現。過了半小時，我走向外頭，看見一個女孩，安靜地坐在角落，拿著一疊繪畫作品。上前攀談，終於找到我原本約的人。

那個人就是彎彎。素顏的她，如同她的作品一貫呈現的，像身邊任何一個平凡的友人。當時部落格瀏覽人次才剛破一百萬人，如今，經過四年，部落格早已累積超過一億八千萬人次。我們合作了四年，一起攜手創造了許多故事。那裡，成了我們夢想開始的地方。

後來，她常在媒體訪問時嘲笑抱怨，留她一個人在外頭吹寒風，吹了半個小時。原本已經冷到發抖，想回家了。當時忘了帶電話的我，也幾度心想，家很近，回家打電話約改天再見面吧。

我很慶幸，當時我們都沒放棄等待，否則，或許不會有這一路的合作了吧。那次見面，注定了許多事，寫下許多故事。故事一開頭，彷彿我們早注定好，要彼此等待。而四年後的她，一如當時，不時發生許多迷糊糗事。

我們相約一週之內再見一次面，同樣的地方，只是大家都懂得約在室內了。過程中，我向她解釋合約，以及希望如何包裝、行銷她的作品。我仍然記得，當時她的表情，同現在每次跟她講任何事情時一樣，總是一副「喔、好、嗯……」，很難真正了解她內心有沒有什麼意見。

從半夜上網閒逛，第一次看到彎彎的部落格開始，三天內看完所有作品及做好評估、整本書的想像，到相約見面討論，不到一週便迅速簽定一本書的合約（當時其實是直接簽了兩本）。

彎彎的經驗，讓我深信從小養成的性格與價值觀——凡事要有足夠的自信及努力做好準備，然後積極發揮執行力，盡全力去完成，爭取每一件事情。

後來聽說，我上網發掘彎彎的過程，被出版圈傳成一個在家沒事幹、整天上網的年輕人，幸運地在網路上簽到了一隻金雞母。許多出版社甚至還指派專人，每天上部落格找作者。

這好像有點弄錯了因果關係。如同行銷專業，許多案例的成功，源自於行銷人平時培養對環境、生活觀察的敏銳度。在適當的機會，用在適當的產品上，發展出自己獨到，深度的行銷insight、見解。逛部落格應該是生活的一部分，也唯有發自內心在生活中真正享受上部落格得到的樂趣，才能從中找出具有獨特性的作品。當上部落格變成一種工作，充滿動機與目的時，對許多作品已很難純粹發自內心，用敏銳的直覺去判斷，變成為了找作者而找作者。通常在這樣的狀況下發掘出來的，因為有既定的市場參考標準，因此容易產生一堆同質性極高的作品，形成市場一窩蜂出版同一類作品的風潮。

八股一點的說法，每個行業都一樣，唯有發自內心樂在工作，把工作當成生活的一部分，從中找到樂趣，才能開創出自己的一番天地。

一個充滿善意的世界

二〇〇七年七月二十六日，彎彎的部落格創下台灣首位部落格累積瀏覽人次突破一億人的里程碑。

彎彎的崛起，見證了一個網路高速變化、汰換時代的來臨。五年前，她開始架設個人部落格，趕上這股風潮。五年後，facebook、推特、噗浪……等各種網路平台、微網誌紛紛興起，部落格只是這波浪潮中的其中一波，她則是浪頭。彎彎恰巧搭上這個天時，站在浪頭上，加上其他種種因素，才有今天的成績。

從二〇〇四年十月至二〇〇七年七月，短短不到三年的時間，何以彎彎的部落格可以迅速吸引累積至一億人次？連我都很好奇。

三年一億人次，這數字背後究竟隱含什麼價值與意義？為何這一億人，願意在日常生活中，不時上網，觀看彎彎部落格又發表了哪些狗屁倒灶的日常瑣事？不只彎彎家寵物的一舉一動引起廣大網友的注意與喜愛，就連彎娘出車禍手骨折，都出乎預料地引來一堆網友熱烈的關心問候。

可能我們正一同參與，一同在人類歷史上悄悄建構一個充滿「善意」與「分享」的虛擬社會與時代，每個人都史無前例地渴望透過網路被了解及了解別人。也許，現代社會的匆忙疏離，已無法讓人滿足這些需求。在虛擬網路世界裡，大家隨時可以建立起無數全新的身分，許多在現實社會不會做、不會說的事，都在這個社會裡彼此分享、交流。在這裡每個人都可以用全新的身分，融入一個被建構出來的全新虛擬社群關係裡，有了新的情感網絡，新的友誼關係……彎彎的部落格及漫畫中的角色與故事，大大地滿足了這些人內心的需求。

我想舉個假設的例子，反推這一億人的意義與價值。在一億人的累積過程中，早在第一年突破一千萬人次時（當時沒人料到，接下來彎彎可以在短短不到三年內便突破一億人次），便有網友、媒體，包含彎彎本人與我都曾開玩笑，以人之常情的起心動念想像假設——如果每個上彎彎部落格的人，一次收一塊錢，那彎彎的身價可以累積到什麼程度？這個假設關鍵不在於一塊錢的「價格」，而是「價值」問題。不管網友上來一次收多少錢，這行動都代表了，上部落格不再具有善意、分享的心態，原本這個虛擬社會情感得以穩固建立的最大前提將被徹底破壞。

我們正處在一個許多事都無從想像、什麼事都有可能發生的社會。以往，特別是許多五年級前段班、經歷過學運世代的前輩們私下常聊到的——在青春歲月裡發現一張稀有盜版國外樂團卡帶、禁書、珍書、洋書……等心中至寶，而心生「這個超屌，一定要藏起來獨自一個人偷偷享受；這個只有我懂，連最好的麻吉都不能一起分享」的往日記憶都將不復出現了。但，不用懷疑，往後將有越來越多的個人部落格陸續累積突破一億人次，越來越多新鮮有趣的事，會在我們毫無預期的狀態下發生。

讓我們一同用想像力想像一個更美好、更不可思議的網路社會與時代。

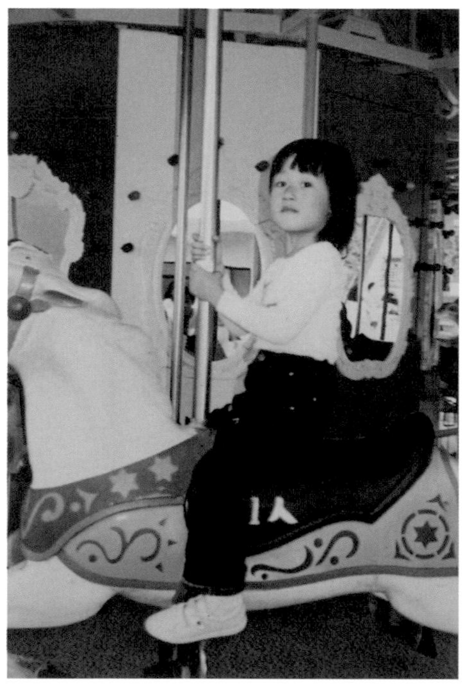

Take Me Back To

The Start

陳琪惠／自轉星球第2號員工

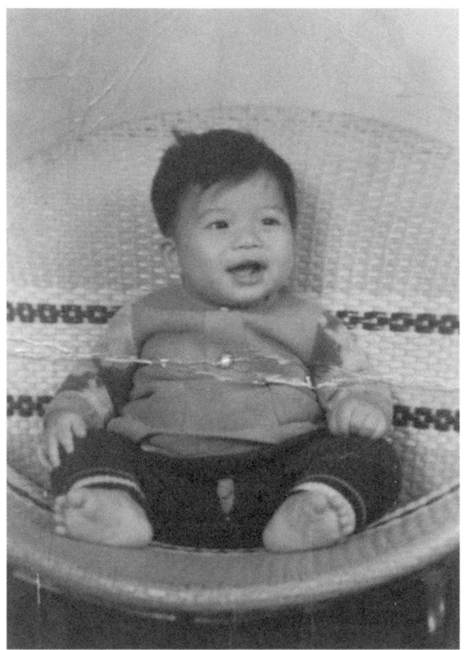

Take Me Back To

The Start

簡培全／自轉星球第3號員工

站在自己的舞台

「以前，我很在意歌手唱歌的能力、音質好不好，因此是先選歌手，其次才是外表，再來就是性格和個人魅力。最近，我會多觀察一個人的價值觀和人格，因為金錢和權利對試煉一個人的真誠度和堅持度，真的是很大的考驗；很多人到最後為了錢做出不一樣的決定，其實他們本身也是痛苦的，對於這個做出決定的工作夥伴，我會替他感到難過。譬如你不跟我合作了，但之後再見面，從話語中都難感受到難過和掙扎。所以後來，我特別重視一個人走紅之後會如何面對考驗和抉擇。」

音樂人姚謙在《誠品好讀》（八〇期／二〇〇七年九月）曾說過這段話。回想自轉星球簽約作者，特別是經紀這部分，人格特質及對創作的態度一直是我們認為最重要的。簽約後，合作的過程在這方面也會時時注意、特別要求。跟彎彎合作至今四年多，應該是一個很好的範例。

原以為這是一趟畢業旅行。

沒想到，最終，我們選擇繼續一起往更高的殿堂就讀。

二〇〇八年夏天，清晨，外頭風雨交加，不安驚醒，打開電視。深夜，一如預期，發布了陸上颱風警報。一小時內連忙不停聯絡了新竹書店等相關廠商，確定簽書會正常舉行，讀者安全無虞後，我們終於整裝上陸，進行一趟為期十五天的環島感謝行程。

二〇〇四年至二〇〇八年，短短不到四年的時間，彎彎部落格已累積了一億零六十萬人次，四本書創下了六十萬本的銷量。然而，我們卻始終不曉得，這一億零六十萬網友及六十萬讀者來自哪裡，讓我心生找尋這些面孔的念頭。

成立自轉星球後，幾乎每年我都會排一段休耕期到國外。某年金馬影展

看完冰島天團Sigur Ros在世界各地持續近一年的宣傳，回到家鄉冰島後，進行回饋故鄉、不售票、不事先公布行程的巡迴演唱會記錄片《聽風的歌》，內心突然感到些許心虛。如同屢屢在異國旅行時，內心偶爾會浮現的念頭——在我自己的家鄉，我曾如此認真看遍每個細節與角落嗎？於是更加深了我想辦一場環島，看遍台灣角落、人群的活動的念頭。

經過兩個多月密集策劃，十二場感謝簽書會的環島旅程終於順利成行。十五天的旅程中，我們親眼看見許多純真熱情的讀者，留下許多感人的故事，同時也體驗到，台灣真的有許多美麗的角落與可貴的傳統文化。過程中，卻一直有個心事卡在我胸口。

出發前，我在心底早做好準備——這是我和彎彎的畢業旅行，十五天、十四、十三、十二……每天在心中默默倒數。合作四年，創造了一些成績。但那陣子，自己心底的狀態及彼此的互動，讓我覺得，即便經紀合約尚未到期，但孩子好像已經長大，身為父母已經無法再帶給他更好的，該是讓他出去自由飛翔的時候了。對彎彎來說，她應該可以有一片更寬廣的天空；對我來說，自轉星球從零到發掘了彎彎，一切都太幸運、太幸福，也來得太快了，常心虛地在內心掙扎反抗——我不像媒體誇大報導的，可用「成功」這類字眼來形容。先天個性逼促著我，希望放下這些既有成績、包袱，讓一切歸零，回到最初原點，讓自己從一無所有開始，試著看看能否再闖出另一片新的天地。

旅程中，看她每晚無論再怎麼累，都安分地默默投入，沒半句怨言，乖乖履行我規定的連續十五天更新部落格的對網友的承諾，內心覺得相當不忍，讓我不停回想這四年一路走來的點滴。

因為自己要求十分嚴格，凡事總是期待她能嘗試做到九十分以上，而非只是及格就好。因有唱片公司的經歷，於是如同教、帶藝人般，早在最初簽經紀約時，便開始教導灌輸她待人處事的基本道理，要懂得人情世故；要不時提醒自己，不管是對媒體、讀者或相關合作夥伴、廠商，都要懂得謙虛、有禮貌、盡全力……希望她不會因為成名太快、太早，而不適應，改變了原本單純的自己，甚至有大頭症等等。要求之嚴格，絕非一般外人所能想像，對一個才二十幾歲剛出社會沒多久的作家來說，真的是非常嚴苛的磨練，相當辛苦。

除了待人處事之外，在創作、出書上要求更是嚴格。

彎彎第三本書《可不可以不要上學》，為了不想讓她被歸類為「部落格作家」，於是希望她以上學為題材，全新創作，而非從部落格的作品挑選集結成書。過程中，她足足拖了十五個月，整本書才完成。某段時間，我開始更加嚴厲地要求她，使得我們關係變得非常緊張。

「為什麼不能像以往一樣，只是開心畫畫、更新部落格，畫自己想畫的東西，要定期出書、上通告，開始對創作有許多限制、規格、規範……等。」這類問題，不時困擾著她。

我跟她溝通了非常久——她現在做任何事，關係到的都不是只有她一個人，而是會影響到周邊許多人，對書店、讀者、網友、合作廠商……都必須負責，無法隨時依自己開心、喜歡做什麼就做什麼。她身邊有很多人，認真辛苦在幫她搭設舞台，舞台有多大，端看她自己的格局、能力能到哪裡。就像開演唱會，大家好不容易在小巨蛋幫她搭好超大型炫麗舞台，在後台該她上台表演時，才告訴大家，其實她只想在小小的河岸留言，甚至跟朋友去KTV，開心唱一唱就好。這樣很不負責任，且辜負大家對她的期許。每個人都需要舞台，今天有人幫你架起那麼大的舞台，你不好好把握，沒多久，舞台就不再是屬於你的了。

隨著合作的時間越來越久，她漸漸能夠了解這些。

有次她和藝人楊丞琳合作出版《FUN FUN馬後炮》，帶她去見負責這本書、帶過許多大牌藝人的角子工作室負責人角子。會議結束後角子對我說：「你把彎彎教得很好。」當場，我為彎彎及自己做過的努力，感到再怎麼辛苦都值得了。做經紀是一回事，帶人又是另一回事。經紀不是只為了賺錢就能賺到錢，如何教好、帶好一個人才是最重要的。畢竟，對經紀公司來說，他可能只是眾多ARTIST其中之一；但對創作者來說，他們的一輩子就只有一次。

Dawn
曙光

初衷裡的自己

彎彎個性原本就如同她畫裡所呈現的一樣，單純、天真、迷糊、可愛又善良。只是，常常會變得懶散，需要有人隨時督促、提醒；每回遇到要出版新書時，還是難免心生一些抱怨。我常常會提醒她，好好回想一下，當初出版第一本書時努力無怨言的心情，及最早畫畫時的快樂與初衷。

在出版第一本書《可不可以不要上班》時，因為原本她只是單純畫在部落格上使用，因此檔案都很小，無法用來印刷。即使當時白天仍在上班，還是花了一整個禮拜的時間，熬夜重新畫完整本書的內容。但當時的她，無論熬夜到多晚，總還是開心興奮的。遇到低潮、困惑時，我會這麼提醒她，也提醒我自己回頭想想往日的初衷。

彎彎至今並沒多大改變，特別是節儉這件事。

某天，帶她接受媒體訪問，介紹她平常喜歡吃的店家。為了配合攝影需求而點了滿桌的菜，訪問結束沒幾個人動口。「好浪費喔。」一如以往節儉的她決定請服務生將所有菜打包，讓她帶走。

走出店門，大家正商量要如何離開之際，彎彎突然拎著打包好的食物，在梅雨季的大雷雨中往某個方向狂奔。大家面面相覷，看著她的身影在視線中逐漸消失。沒多久，彎彎終於從遠方氣喘吁吁地跑回來。跟大家頻頻道歉，解釋剛才把食物拿給在附近工作的哥哥吃。問她為何不讓我們帶傘陪她去，她只是輕描淡寫地說：「不好意思讓大家等。」

因為這樣謙虛、單純的個性，使她在十五天的環島過程中，獲得無數書迷熱烈的愛戴與稱讚。

二〇〇八年八月十日，環島的最終站。終於回到台北金石堂汀洲店。

簽書會開始，我們邀請從高雄上來的一位孕婦上台致詞。在高雄城市書店簽書時，這位媽媽同老公，拿了兩本彎彎的書。一本署名送給不到兩歲大的小女兒，一本署名送給肚子裡即將出生的小孩。彎彎及所有人當場聽了都覺得非常感動，於是特別邀請她上台北，與大家一同分享新生命即將誕生的喜悅。

接著，輪到我致詞。站上台，原本出發前的心情，及十五天沿途不捨難忘的故事，全一股腦地同時湧上心頭。說不到幾句，便泣不成聲，直接帶領這趟旅程的所有工作成員，深深一鞠躬，感謝十五天來及四年來所有支持我們的讀者。

當時的我，終於明白，一切又將是另一個故事的全新開始。自轉星球與彎彎還會繼續攜手合作，努力創造一些更難忘的作品與回憶。

夢想無限・友情無價

「為了我自己，我必須知道，除了大型企業之外還有其他選擇。我希望生活在一個可以選擇到街角一家地區藥店買東西的地方，可能是年老的藥劑師和他太太經營了三十年的藥店，而不是只能去來得（Rite Aid）連鎖藥店或是Kmart。」

《小，是我故意的》一書裡頭描述了這麼一段，我愛的音樂人Ani DiFranco在一九九八年接受《紐約時報》時報訪問時，談到他當初為何決定自行創業成立「Righteous Babe Records」，而不與大唱片公司簽約。

我一直希望台灣有更多像這樣有企業靈魂的小出版社、書店、唱片行、唱片公司……有自己堅持的價值與骨氣。

我一直不愛用「友情價」要求朋友支持我私心的夢想，但五年來，不知多少次開口請朋友以「友情價」幫忙。要是沒有這些朋友力挺，許多作品便無法如同原本想像的呈現。若問這些書有什麼共通的精神，或許是匯集了許多人共同的夢想、心血與熱情，情義相挺，建構了自轉星球這個品牌核心的「靈魂」。

在《小，是我故意的》書裡提到的小企業，通常有其「靈魂」，或許就是這麼一回事。許多人，為了某些與市場不同的信念與價值而揮灑才華，完成一些令人驚喜、創新的產品。他們相信數字之外，永遠有更美好的價值等待我們去追尋與創造。

做《孫大偉的菜尾與初衷》一書的過程，更讓我深刻體會到這點。每回和孫大偉開會都是一個愉快的經驗與學習。聽他娓娓道來無數人生精彩的故事，及對行銷廣告專業的獨到見解，總是意猶未盡，不捨離開。但會議散去，回到公司獨自面對編不完、編不好的書稿發呆，則是極大的折磨。

這本書從提案到出版，足足耗了約兩年之久。過程中不時停停走走，做到後來，幾乎完全失去做書的手感，節奏感全沒了。發書日數度延期，延到後來，連書店採購都直接點明質疑我到底能不能做出這本書！心生極大的挫折感，連自己也開始懷疑起自己的能力是否能夠堅持到底，真的完成它。

幸好，最終還是順利出版了。過程中的關鍵，除了孫大偉的誠懇、支持外，更重要的是，每當我感到絕望、害怕時，心底總有個聲音告訴我，若連這麼艱難的狀況都能熬過去、解決得了的話，以後應該再沒有任何書能打倒我了。

很慶幸，後來我成功熬了過來。

孫大偉是經由朋友介紹，才開啟了合作的緣分。第一次開會，他提出希望整理他十幾年來累積的不少好書的推薦序，出一本整本書都是在推薦別人的書的作品。在此之前，幾家大出版社聽到這提議，可想而知，當然都有些不同的意見，覺得不妥。當我聽到這想法時，一來因為他是自己念廣告系時崇拜學習的前輩，於私，可以滿足自己「追星」的心情。二來，如同這五年來做書堅持的想法，覺得每本書最後編輯完成的樣子，全像廚師做菜一樣，同樣的一道菜（內容），不同的配料，不同的創意手法，可以讓它有不同的滋味。因此，堅信孫大偉這本書，一定可以再採用不同配料及做法，讓書不再只是最初提案的樣子。於是，便提了一些自己的意見，雙方一拍即合，開啟了這本書的合作過程。

初次會議，令我印象最深的，除了像我這麼小的出版社，如孫大偉這般赫赫有名的大人物，竟然願意放心將書交給我出版外，更讓我難忘的是，他在確定合作之際，竟然反問我一句：

「那我要付你多少錢？」

讓我有些哭笑不得，耐心向他詳盡解釋作者與出版社之間利益上的關係。雖說自轉星球至今遇到的作者，大都是理想性重於作品收益，版稅數字通常很快便談攏。但那回，倒是第一次聽到有作者問出版社「我要付你多少錢」。孫大偉在合作的過程中，給我的印象，就是如此天真像個小孩子，對任何事情永遠保有好奇心的廣告創意人。

這個故事開頭，讓我感受到他內心仍保有無限的天真與赤誠，因此在合作過程中，對於許多事他常做出出人意表的反應與決定，並不會感到意外、無法理解。

發書前幾週，開會與他討論媒體宣傳相關事宜。整個會議過程，他始終心不在焉。不是聊手邊的茶葉來歷、特性，便是興致勃勃地聊起窗外陽台，那些盆栽種植的心得。一直討論到可不可以開記者會、上電視宣傳等問題，他才整個人突然清醒，回過神來，臉上流露的不是「興致來了，這個有趣」，而是「我怎麼可能會去」的誇張表情。

他臉上的神情慢慢轉變，露出一絲笑意，用玩笑的口吻向我說道：

「我都一副老臉了，不要再上電視拋頭露臉了吧?!若怕賣書賠錢的話，你看要賣多少本才不會賠錢，我直接跟你買好了。」

見我苦笑不知如何回答，他馬上又補了一句：

「你不要笑，我是真的有地方可以送的……」

我接受、答應了不讓孫大偉上電視宣傳，同時對於他對人生原則一貫的堅持與態度，感到無比敬佩。

更讓我哭笑不得、尊敬的還在後頭。

隔沒多久，意識到書終於要出版，合約再不簽便來不及了，才開始著手

加速準備合約。當時公司新同事知道此事，還笑說：「這本書做了這麼久，至今仍未簽約實在太離譜。這種事在一般大出版社是不可能發生的。」沒早早簽約是依我主觀對孫大偉的了解與猜測，猜想他根本不會介意合約這種東西，甚至還會嫌它太麻煩。因此，直到發書前，才透過他公司的祕書與他確認好版稅等相關條件，約好到他公司進行簽約。

當天下午，他一如往常，坐下來，半句話也沒開口，氣定神閒地親自為客人泡起茶來。當我從背包裡拿出準備好的合約，請他幫忙用印簽章時，他張大雙眼，露出一如以往驚訝的表情。不停反問我，為何需要簽這個。我當場又陷入語塞無言的狀態，現實社會覺得習以為常、理所當然的事情，當有天要你用邏輯去解釋why時，一時還真不知從何解釋起。

在一來一往的拉距中，孫大偉先是體諒地問我，如果簽這個約對我有保障的話，他馬上就簽，若是要保障他，他覺得倒不必了。我還是不知該如何接話。直到他說完那句讓我覺得兩年的努力與等待，一切都值得的話後，便不再企圖說服他——

「我們是一起的啊，沒有必要簽這個吧?!」我不知我心裡主觀解釋的意思與他想的是否一致。最終，我將合約收進包包裡，便跟著孫大偉到公司外頭花圃澆花去了。

Origin
初衷

夢想裡的小確幸

出版《孫大偉的菜尾與初衷》，因為過程中一些難以言盡的因素，整本書美術設計前前後後共換了三個人，且均是出版界數一數二的優秀設計師。因為出書過程一波三折，後來封面改請好友聶永真幫忙，同時幫忙用孫大偉的照片，在農曆年前做了一份精美的賀年卡，信封上印著「就算人生只剩菜尾，還是要懷抱著初衷。」

最初，在年底案子總是大塞車，百忙中接獲這個緊急救援案子時，聶永真只是先謙虛地說，他沒有把握可以做得好，然後便二話不說地接下這個案子。預算，一如往常，我們並沒先談定。封面完成前，我們先是應景地想在農曆年前印好賀年卡，感謝這一年來熱心幫忙的朋友們。因為案子十分急迫，直到十二月三十一號跨年那天，寒流來襲的台北街頭，我們還一起站在

安和路他工作室樓下抽菸、喝熱咖啡，等著去印刷廠看上機，盯看印刷套色是否準確。

擁擠的台北街頭，處處洋溢著過節的歡樂氣氛，心中卻有種莫名的疏離感。因為這城市生活太過寂寞了吧，人們才需要無數的節慶，好讓大家有名正言順的藉口，與熟識、不熟識的朋友，一起相互取暖、開心打鬧。

在車裡，我們被隔絕在過節的人群之外，同時也遠離了這城市過節的歡樂氣息。但在這樣的城市世況裡，能與好友在一起，做一件渺小不起眼的瑣事，竟也有種小確幸的淡淡喜悅。

我們在車裡有一搭沒一搭地聊著彼此最近的案子，以及一些生活中狗屁倒灶的事。在印刷廠不停等著看一次又一次的校色結果，待了數小時，重複同樣百無聊賴的話題。直到確定賀年卡打樣出來的品質滿意時，已是晚上八點左右，我們搭車離開，一同在印刷廠過了一個看打樣的跨年夜。

過完年，聶永真幫忙做完孫大偉封面便出國了。我獨自看著孫大偉的書終於開始一校、二校……一直到進印刷廠上機印刷，內心升起一股終於鬆了一口氣的喜悅。等到數千本封面全部印完的隔天，印刷廠要包裝時突然來電，告知封面左翻右翻的方向搞錯了。是左翻的書，但封面卻設計成了右翻的LAYOUT了。所有印好的書封，瞬間變成一堆廢紙，必須重印。

因為聶永真人在國外，只好請製版廠幫忙不停試著用簡單的方式，將封面修改成左翻的LAYOUT。

那教訓，往正面想，讓我學習到，做任何事節奏感、一股作氣真的非常重要。因為那本書停停走走，拖了太長的時間，也換了三個設計師，以致最後竟然連封面左翻右翻都錯了，且過程中竟沒有任何人發現。

聶永真回國後，我告訴他此事，同時請他請款，連同賀年卡的設計費，用友情價，幫忙算便宜些。接連囑咐了幾次，他都只是淡淡回應沒問題，或對設計費沒什麼想法之類。拖了好幾個月，某天，我在半夜電話裡，開口向他說必須要結案了，請他務必快跟我請款，他才認真地回答我：「我早忘了這件事了。真的只是幫忙，不用付錢，也不用掛在心上。」

我不知這和印刷出錯一事是否有所關聯，那幾天，我不停深刻體會到，我的人生真的非常幸運及幸福，特別是這五年來的自轉星球，受到太多人的照顧，及遇到許多同世代、志同道合，人品、才華兼優的好朋友不時的幫忙。這點讓我感到對他們十分愧疚，同時也為交到這些朋友感到驕傲。

許多理想與夢想的完成，憑藉的往往是一堆人的熱情與勇氣，而非資本的龐大。然而，對於朋友們用熱情、友情價，一次又一次支持我的理想與夢想，始終有些許愧疚，因此幾度心生希望能將公司賣掉或找金主投資的念頭，好讓這些有才華的朋友得到實質上該得的，而非一直用理想，請他們用友情價幫忙支持。

那些難忘的記憶　**彎彎**　／自轉星球作者

2004年，我還在上班時
因為經營Blog的關係，
自轉星球出版社黃社長
找上了我。
"可以跟妳談談嗎？"

那時在101大樓裡上班
我們約了一樓的咖啡廳見面
秋末，露天座位很冷，等了很久不見人影
偏偏剛好沒帶社長的手機號碼
"搞什麼鬼啊ー～!!"

半小時多後..
一個瘦瘦的，看來不年輕
，卻穿著怪T恤的男子靠近..
"請問..妳是XXX(本名)嗎？"
結果是因為社長在室內咖啡廳等，
而且也剛好沒帶我的手機號碼
所以我們互相空等對方半小時...

這就是我跟自轉星球的第一次見面。

“我是社長，但全出版社只有我一個人”
當時聽到時我有點傻眼，
但從決定合作到出書，距離不到兩個月

之後出版了第二本...到第五本..
中間經歷過許多爭執..磨擦..
但得到的結果通常是美好的..
“反正我記性很差！”社長也認同，
因為吵到哭的原因我已經忘得一乾二淨。

過程中，很多有關創作、經營等的問題，
我都會去請教社長，他幫助我很多，
而自轉所出版的作品，每本的創意跟行銷
社長展現的才華每每都讓我驚嘆不已
“當初真是賭對人了!?”我心裡這樣想..

這就是五年來我們的相處模式

在活動的最後..社長在致詞時哭了..
"社長~加油!!"..大家吆喝著,像是大家同一條心,
當時..也是第一次跟讀者過生日,一群人為我唱著生日快樂歌..
手上拿著社長送的日本機票..真是害羞又感動..

一切的一切..都是我與自轉的回憶..
很高興4年前在101大樓時認識了社長..
讓我人生的路更豐富、更成長...

最後..我要說的是...

我要聲明..
我跟社長沒有在一起啦!!

是我才要
嚴重聲明的吧!!

吼!

人生的決定

宅女小紅

／自轉星球作者

首先我要抱怨一下這題目真的很惱人，正常的人誰五歲會有夢想啊！那個每天蹲在沙堆裡玩的年紀。但話說回來，我就算十五歲、二十五歲還是沒什麼夢想，畢竟敝人就是以渾噩聞名的（不信你去Google輸入「渾噩」，出來滿滿三頁都是哇奔郎啊）。萬萬沒想到自認會苟且過一生的我，會在三十五歲的前夕，遇到改變我一生的男人——人稱阿隆的（前）自轉星球社長黃俊隆先生……

回想應該是在二〇〇九年的四月中，我在部落格的留言中看到了社長的訊息，大意是希望有機會合作出書，我還記得後面有句話大意是：不知道你跟其他出版社簽約了沒，**希望還沒做出人生錯誤的決定**。這句話讓我印象深刻，這麼淘氣的態度我實在太激賞了！而且社長沒猜錯，當時真的有別家出版社在跟我接洽，但基於好奇，我還是偷偷跟阿隆暗通款曲了一下。第一次的ＭＳＮ就相談甚歡，（猴急的）社長馬上就約我出來驗貨深度訪談，那天看到了很多自轉的作品，講到一些天馬行空亂七八糟的想法，讓我想手刀奔入自轉的懷抱。回家後冷靜了一下，又問了朋友及家人的意見，十個有十一個（註）建議我不要簽給自轉，因為另一家是知名的大出版社而且版稅給得比較多付錢也很爽快。可我那時耳朵很硬，覺得我這輩子可能只有機會出一本書，深信只有阿隆才能讓我盡情地玩，做出真正有趣且不會後悔的作品，所以毅然決然在兩週內跟自轉簽下了合約。同年八月，在大家的努力下，我出了一本穿著內褲的書，過程玩得很開心，成品也讓我覺得真的很棒。不過由於社長的邀稿信上說不要吹捧，在此就不強調《宅女小紅の胯下界日記》有多精采，是您一定要買三本，一本收藏一本翻閱、另一本愛幹嘛就幹嘛的好書惹（還是說了）。

最後，因為版稅尚未結清的關係聽到自轉星球要說再見的消息時本人很嚇可。我知道星球沒了阿隆還是會繼續做夢下去（阿隆牽到北京還是阿隆啊），就算自轉熄燈社長的精神一樣會活在我們心中（背景音樂：南～嘸觀世ㄖ音因菩ㄨㄨㄨ薩～～南嘸ㄛ觀世音菩ㄨ薩～～）

文末不免要呼籲，在版稅還沒付清前，Please don't leave me alone.

請不要離開我啊阿隆））））））））

ㄟ。。。。好像忘了提五十歲的夢想——希望五十歲時可以退休養老，兒子已經大學畢業開始奉養他阿木我了，不過醬說來我好像七年前就該生小孩了縮（菸）。

註：多出來的那個是經過偷聽到我講話的路人……

Re：回信給五年前的自己

聶永真

／平面設計師，自轉星球作者

昨晚跟朋友去了West Hollywood，喝下了生命裡第一次的爛醉如泥，回房間後躺在床上的週末凌晨，不能控制地自言自語、緊緊地抱著棉被說話鬼叫，翻來覆去地看著天花板張口呼吸。今天中午起床後發現背上跟手臂起了酒疹，近幾天這裡的氣溫微降，雖然搔癢但不至於太過難捱，簡單弄熱了一下超市買的炒飯便利包，喝了好多好多的水，抽了好需要好需要的菸，待在工作室裡安靜滿足了一整個下午。

到Santa Monica從事文建會的藝術駐村已經快一個月，去年離開工作崗位六個月食髓而知味，人生除了工作之外是不是總有些更重要的小事需要提早完成？今年初狠下心跟所有的客戶繼續告假，四月的亞特蘭大，誠實地說出了對兩人關係的乏力與抱歉，結束了跟W兩地Long—D的感情；七、八月完成了半工作狀態的法國停留；九月完成了今年秋天的出書計畫；十月到年底是屬於一個人自己最需要徹底離開的孤獨時間，帶著所謂的異地創作交流之名，我是不是可以在短短（工作逃亡）的三個月裡，試著改寫這幾年「成就」（多耀眼又極具殺傷力的字眼）出的總是太過強迫而滿溢的時間表？

……其實我不知道……我一直都還不知道。

我可以知道的總是一些數值上的惱人列表，逃亡前最不浪漫的一件事就是要做好事先規畫。扣除預存下來幾個月的房貸預算、工作室房租、家中日常的生活花費……「現實」隨時都在召喚我早點回家。這幾年常常會捶枕頭（比較不痛）問自己這一切究竟是怎麼開始的？有好的開始就有好的工作、好的工作就有好的發展、好的發展帶來經濟的改善，也開始帶來滿滿的生活帳單跟總是害怕打開的每日行程表。無形地我成為了社會結構裡中流砥柱的一份子了嗎？沒有人教我們接下來要怎麼走。五年，關於社會成就的「多遠多飽食」像個證明題似地考驗驚人的耐力跟算術；人生如果只是一本自己批閱的作文練習簿會有多好？

酒疹，發現自己會有酒疹是在三年前的東京，那晚跟喜歡的人在新宿東口吃飯，喝了兩罐Asahi，雨裡我們一起撐傘走回五町目的公寓，看電視、說話、撫摸、離開前的擁抱跟做愛。他說：「那就不送你了。」用簡單的日文我禮貌地回答沒關係，穿起鞋子一個人走下了樓梯、關上漆黑公寓的大門後心情卻是低落，氣溫5度的十二月冬天凌晨，溼溼黏黏步行回新南口的路上雨依然飄著。這是一個人的愛情或只是兩個人的寂寞？早晨在旅店裡醒來發現胸部的地方紅癢起了疹子，想起可能是對昨晚乾杯的人生第一次Asahi過敏，從此以後對酒疹的記憶便停留在有點不堪的東京那晚。

那一整年，開始學會拋下工作為了他，一年去了七次東京做體貼的冷屁股，看起來很心酸自己卻一直很enjoy。離開工作總是需要感性又靠杯的藉口，

我發現自己的上昇水瓶在這個時候已經開始正行，再超過一點點或許我就可以徹底離開忙碌人生的牌局，用一個很爛的理由。

＼

是愛情，Sam說我再繼續為愛走天涯總有一天錢花完了流落街頭他還是會好心收留我的。這個社會教我們人要為理想而活，90％的理想卻長得跟權力金錢好像，做個流浪漢還是可以不錯的，只要有人可以跟我一起流浪，當然還要有好朋友預備一個隨時可能會人財兩空的義氣收容所。

工作室今年的名片主打Slogan是「another point of seeing」，背面對應的影像有四個版本，第一個是看起來被打得很慘眼睛充滿血絲的小女孩的臉，旁邊卻有一個「win」的小字；第二個版本是胸罩扣帶下的大片胎記，它卻是一道充滿自信的「show off」？第三個版本是抽菸，誰能體會這樣的呼吸方法其實是一種「alive」？最後是流浪，一對躺在草堆上看似流離顛沛的情侶黑白照片，誰能了解或許這片草地已經他們兩人最終最渴望的「home」？

下一秒我想要的是什麼？來吧來吧，不如去流浪（給我AV女優版面的報紙）。

╲

隱形眼鏡。十一點起床十二點上班。媽媽搬來台北住。收信刪信。五年內分手五次。在家裡吃午餐。早晨洗澡。工作，滿滿的工作。開會，滿滿的開會。學會拒絕。不要拖稿不要拖稿（念力）。不要接電話不要接電話（念力）。Come out。凌晨兩點ichat。無名噗浪跟Facebook。鬼片驚悚片殺人片。從安和路走路到出版社。滷味跟柳橙綠茶一個人的晚餐。第二本書。早晨的衛生紙。妹妹結婚。麻辣鍋。In a relationship。維他命B跟螢光色尿尿分岔。林宥嘉出第二張專輯。PHS雙號機。海風陽光跟棕櫚樹。駐村偷做台灣case。不好意思我要一杯冰美式。

這依然是人生，很亂很痛很美很boring很累很高潮，How long is now?……寫信給未來自己的遊戲玩一次就好。

對抗風車的那個人

傅月庵

／作家、出版人

我曾跟俊隆同台，就在星球開始自轉的那一天。

彼時，我在台灣數一數二的大出版社卵翼下，度過了十多年幾乎風平浪靜的職場生活。對於這位拿著一百萬就想開一家出版社的「小朋友」，毫不猶豫地在心裡幫他打了個大叉。儘管那是風起雲湧，事情正在起變化，台灣出版容貌正在變形之際。

那天恰當茉莉二手書店師大店開幕之際，我是來賓，俊隆則是併桌同慶

的主人。當他開始宣揚「自轉星球」出版理念時，那股我早已消歇了的興奮跟熱情，或說，青春，讓他容光煥發，比手劃腳，說個沒完。端坐一邊，斜眼冷看的我，從又妒又羨，最後竟轉為擔憂：逆風而行，逆時而為，只怕又是「幻滅是成長的開始」的一場悲劇。唉～

認定俊隆「倒行逆施」，我是有根據的。上個世紀九〇年代中葉以來，台灣出版逐漸走上企業化經營之路。最明顯的是，著眼於華文市場版圖，大出版社紛紛引入讓所有編輯人叫苦連天的ERP系統（Enterprise Resource Planning，企業資源規劃。號稱能「帶領企業運作電腦化、自動化，協助規劃企業運用各樣資源的最優策略」），從此編輯不再是一種編織夢想的行業，而是一種將本求利的產業。把書編好的「好」字，從「紙張要好，圖片要精，天地要寬」，編輯藝術的思考，一下子變成「成本策略，定價策略，行銷策略」，機關算盡的攻防戰。

這是一個無夢的年代！到了二〇〇四年，台灣的編輯人大概少有人不同意這一說法。偏偏還是有許多不信邪的年輕人要在無夢之處築夢。俊隆可說是其中最不切實際的一個。說他不切實際，乃因此前「一人出版社」命題所以能成立，主事者多半著眼於「外文書」，憑藉獨到的選書眼光，向國外買得版權，翻譯後出版上市。成本不高，編輯流程也不算繁複。俊隆卻不做此想，而是一意孤行，偏要挑戰本土自製書，且把「編輯加值」當作經營重點。光憑這點，說他瘋狂，也許太過。但假如把「資金一百萬」這件事也考慮進去，則此君純然不折不扣，就是那位瘦馬斷矛爛盔甲而要大戰風車的唐吉訶德了。

潮流正往「大」走去，你卻說「小，是我故意的」；人家編書越編越粗放，越向國外靠攏，你卻想搞精緻的、本土的；大家拚命找科技金主掏錢買單，你卻回家跟老父借錢。二〇〇四年了還想實現一九七〇年代才有可能的夢，這不是倒行逆施是什麼？

然而，事實證明，是我錯了。俊隆與風車大戰五個年頭，愈戰愈奮身影愈形高大。許多人都說這傢伙真幸運，簡直就像刮到彩票一樣。我總不以為然，深知天道酬勤，得道多助。俊隆之成，自有其個人的與時代的因素。他的勤勞，無庸多言。沒錢請快遞，半夜裡自己送樣書到電台；新書一出便跑到書店口頭市調，甚至可以說，當他還在左營當兵的年代，每逢休假便在書店在街頭趴趴走，看書也看人；在魔岩唱片工作時，跟這個人那個人討論封面文案、ＭＶ剪輯，乃至帶著新人到處趕通告上媒體時，便已在為今天這一切做準備了。

然而，說到底，畢竟還是性格決定命運。對於一個堅信「人生，永遠不知明天將發生什麼事。明天，也永遠來不及回頭改變昨日所發生的一切。」「每個人的人生，至少都該給自己一次，為夢想放手一搏的機會。」「不景氣考驗一個人的才氣，用不服氣對抗不景氣。」這些聽起來宛如標語的話，卻還真的就動手去幹的傢伙，我們也只有俯首稱臣，且認定：「就是你啦，笨蛋，若沒有你這個笨蛋，台灣出版也不會那麼好玩！」

很高興，我曾跟俊隆同台，就在星球開始自轉的那一天。

向自轉星球說再見之破廣告口

盧郁佳
／金石堂書店行銷總監

●○歲的記憶：

因為多人罹難舉國同悲　所以我偷偷摸摸沒向任何人提之前已買好了演唱會搖滾區的票　更令人髮指的是我還要去　商女不知亡國恨　請叫我商女（先去泰國變性吧你）

天黑一收工立刻換上人字拖（莫非定律：不能沾水的麂皮鞋一穿必雨　但我涼鞋球鞋全都麂皮！）手刀衝出門立志卡個好位　以為捷運會被滿街妖孽擠爆　沒想到一路approach仍然沒啥人　唯一一個穿孔戴耳機男半路就下車了留下我目光追纏他的背影「你你你要去哪　你不是要陪我去夾道迎接九吋釘

嗎」「饒了我吧　我不認識你呀　我要去補習啦」是我搞錯日子了咩　難道神和使徒昨晚在我餵貓時蹲馬桶時睡覺滾來滾去時已經飆過了嗎　這是很有可能的　我通常都會不知情地讓時代巨輪從我背後一公分處輾過

來到南港一〇一依然是半個人都不見

走到公車站牌問一位等車的漂亮小姐　她說「喔你來退票的」我心涼了半截

還有一半露在外面招風吹　呼～

不退可以嗎　留到下次用可以嗎

呼～呼～呼～風聲更響了

難道因為災情嚴重所以九吋釘守喪禁唱嗎

依照她好心的指示走到隔壁地下停車場　警衛出來阻擋「這裡是中視你想幹嘛」為什麼他知道我想逢人砸磚頭呢……臉上有寫嗎

走到隔壁露天停車場　穿過黑暗無人的百公尺入口　前頭一盞微光　就像蚊子想探索捕蚊燈的奧祕般我走近一看　傘篷下咖啡桌擱著一盞提燈　小小字說明單張　還有兩疊五百一千的鈔票　兩位少女苦主坐在那裡點奠儀一樣地低頭整理

俗語說「生要見人　死要見屍」見到那疊鈔票我的心已涼透了　原來她說的

是真的

前頭情侶　退了票收了錢　女人發飆「既然退票款也要賠償我們損失」這位娘娘　想發國難財呀

被男人拉向出口的女人遠遠罵著「虧我還提早吃晚飯呢」娘娘　真有你的我來這一遭算是值了

下一個鏡頭　就是我埋在超市雪櫃裡　嚴肅地刻苦地　花很長時間選大桶裝的拿鐵冰淇淋

沒有別物能表達我的哀傷於萬一

●五十歲的記憶：

我用了我自己作為武器

來針灸地球的百會穴～

（抱歉最近在學一些奇怪的東西）

總之這是民間對於死亡一種婉轉的說法啦

●關於自轉星球的記憶：

有天下午像平常一樣蹦蹦跳跳地去書店　買了一本書有長兩個名字雙封面《日常vs.荒島的一天——30位傳播創意人現實與理想的一天》且封面有許多的人字拖在博杯　完全就是日式老家的玄關　完全可以聽到老母隔著半間屋在喊「鞋子擺好」及劈啪打在木地板上臭腳丫落跑的腳步聲

「設計大師蕭青陽費工的一頁頁逐頁用繪圖軟體手工完稿的方式做完整本書全部的二二四頁，所花費的精力及時間，足夠其他人拿來做幾十本書，且永遠無法追上這本書在設計上的精彩度及細膩度」

兩年後　聽黃・社長・俊隆（黑手黨的歪果忍）憶述他如何折磨印刷廠老闆一試再試千辛萬苦做出《可不可以不要上班—彎彎塗鴉日記》大頭貼貼紙封面時　他為《日常vs.荒島的一天》寫的以上文案　又在我心頭repeat　而且我想這段已宿命成為社長主題曲的副歌

你聽懂了嗎　他就是要勞力密集　光腳跑給人家追　邊跑邊回頭偷看　確認

路的盡頭別人的影子還沒出現　他才能呼吸
把亞洲四小龍捆成一條龍柱　采在龍山寺前面
經過的路人抬頭一看就會說「咦社長你怎麼會在這」（「我也不知道啊　我
睡醒就綁在這　你可不可以放我下來我想尿尿」歹勢啦）
其後數年你會買到很多書製作相當勞神也相當費錢
《不如去流浪》「史上首度專為書籍創作之配樂專輯」
《365G——2006台灣不可思議新聞大百科》「精選2006最不可思議之報紙新
聞，加註評論後印於資源回收來的垃圾廢紙上」
《宅女小紅の胯下界日記》的書腰乃口
反正各位手上這本書都有列　就別多提了
總之我仍然聽到這段副歌在為他賦格啊

*

開會社長提起近作雜誌三部曲的卡司時
又令人想起了《荒島的一天》先發陣容

「胯界日記」這個書名不就是社長心中的主題曲嗎
社長的主打歌是跨界名人
全球都在設法拿名人cross over玩財務槓桿放大績效　多數是把實際為零的效果放大成零
看每條書腰要消耗多少名人　每天又有多少工時花在圍捕名人餵書腰
就知道要把這事做對所需的天才　不亞於成名
他的雜誌　名氣資本密集　借社長的話來說應該是「所花費的精力及時間足夠其他人拿來做幾十本《Vanity Fair》」（醬講會被巴啦）
跟名人合作很累　但社長不會因為很累就不找名人
因為勞力密集的程度需要名氣資本才撐得起
名氣資本也要求相應的技術密集
這是個要人命的等邊三角形
同業羨慕他選股眼力　但居然都不提製作功力
我想把這種普遍傾向偷偷留到最想激怒社長的那天再來點出比較好
若非哪天我的麂皮鞋被塞進大象的肛門之類的　我應該會把這個祕密一直留在心中守護到永遠

別人有　裡原宿　安特衛普六君子　暮之手帖　之類根深柢固的幫派
我也很期待
社長再串連　創造很多名人明星
九吋釘應該唱到他死為止
密集吧！男孩

這樣的五十歲

韓嵩齡

／自轉星球好友，推守文化創意總經理

黃俊隆出了一個題目
要我們寫五歲和五十歲的夢想
這個題目真是大哉問
我覺得應該拿來問哲學家或五歲就開始長記性的神童
而不是我們這種人生過了一半還浮浮沉沉的凡夫俗子
我因為一直想不起來五歲的時候有什麼夢想
就偷偷給他拖稿

後來羞隆說
沒交稿就是沒義氣
不夠朋友
想想以後大家都還會互相利用
啊
不
是會友誼長存
因此很認真的想破頭
但我的同事都吐槽我說
連五分鐘前跟你講的事都會忘
還五歲勒
你要是記得住
我們早就把自轉星球幹掉做肥料了
還在出版紅海浮沉個什麼勁啊
蒜葱
反正我被同事虧

也是經常滴事
剛剛好而已

五十歲就五十歲吧
十年後的事
誰知道勒

我希望到五十歲的時候
可以像聶永真一樣
明明就有很多出國比賽的作品
卻還可以假會的說「Re：沒有代表作」

我希望到五十歲的時候
可以像羞昂一樣
對自身人體奧祕還抱持著高度的自信與好奇
我希望到五十歲的時候

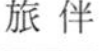

可以繼續看得懂彎彎的漫畫
而且看了還會笑
我希望到五十歲的時候
腦袋裡面的點子越來越多
有孫大偉先生的菜尾十分之一多
就起碼不會老人痴呆
我希望到五十歲的時候
能夠對自己的專業有足夠的堅持
一如蕭青陽

我希望到五十歲的時候
還有像黃俊隆辦一本短期式雜誌的
熱血與勇氣

這樣的五十歲
很厲害的感覺耶

我們總是低估夢想的現實與困難

角子

／自轉星球好友。出身唱片圈，曾製作統籌F4、蔡依林、SHE等無數大牌藝人書籍

我五歲時的夢想總是信手拈來：想要一台腳踏車、想當一個老師、想我可以憑空從掌心射出一道死光、想我可以想怎樣都可以……

五歲時的夢想太多，它們總是多變而沒有邏輯。

五歲時的夢想後來成真的機率很低。

因為我們總是低估了那些夢想的現實與困難，夢想不是說了算，不能光倚靠想像那個結果的甜，就撐得過路程上的血汗與掙扎……

自轉星球卻可以那樣過了五年。

在那五年中，我很幸運地也跟它交錯，擦出火花，合作了一本彎彎跟丞琳互動創作的書。

那當然不是我五歲時的夢想，可是我還是低估了它的艱辛，也一併低估

了它的快樂，那真是一場從頭到尾都讓人充滿驚喜的交會。

當我五十歲時我希望我可以累積更多那樣的交會，跟更多人、更多事……我相信五十歲的人更需要的也許不是夢想，而是在那些交會中得到的熱情與能量——Ray（黃俊隆）這段你不要刪，因為多年後當我再看見這段文字，我才會想起自己還活著，還理直氣壯地做一些事，那你也有份！是你也給過我的、教會我的衝動與熱情。

有一天，當我五十歲。

我希望我除了看起來比較像四十，還有持續發著比自己實際經歷年輕的夢，那些許多人認為不可能，卻在後來竟然還能實現的夢。只因為我在十年前就看過一個，有個叫做Ray的傢伙，他要我寫點東西，紀念一個只有一個員工的品牌，那是某種告別、那是某種開始，我知道那是他的熱情又要再一次火山爆發的時刻，你很難預知那些火山熔岩即將形塑的雕像，卻很肯定它們一定又要留下些什麼……

獻給五歲的自轉星球。

更想獻給最近經常忘記做夢的自己，還有跟我症狀相同的很多人。

挖骨頭

吳旻龍

／自轉星球社長大學學弟。五年來，一起發想彎彎所有書籍創意及合作幾件廣告案

俊隆要我寫一下五歲跟五十歲的夢想。這個題目很難，因為老實說，我真的記不起來五歲的時候我在想什麼。五歲的小孩，腦子裡應該只有吃喝玩樂，如果你敢說你有夢想，那我也只能說你比較早熟。

五歲的我，每天都在看姑姑送我的漫畫週刊，我對漫畫內容沒那麼有興趣，只是那漫畫的前幾頁，有許多恐龍種類的介紹，那才是我喜歡的。好死不死，當時華視正在播映《恐龍救生隊》的卡通。厚！我超愛的，我到現在都還記得第一集演的是鴨嘴龍的故事，我也還記得卡通的主題曲怎麼唱。如果

我小時候有夢想，第一個應該就是「做個挖掘恐龍骨頭的人」，白話一點，就是古生物考古學家。

呃……沒錯！我已經快四十歲了，我現在當然沒有在挖那些骨頭。

至於五十歲的夢想，太多。宣傳我的基督信仰、去挖那些還沒挖到的恐龍骨頭、用望遠鏡發現一顆新的星星……有時候，就是因為夢想越不切實際、越不確定能不能實現，反而讓夢想變成一件有趣的事。

我想俊隆不缺夢想，但是當公司變大的時候，記得也要聽聽公司裡其他人的夢想。一個人的夢想好實現，但如何實現一間公司所有人的夢想，才是一件更有趣的事。這句話，我提前送給五十歲的俊隆，跟自轉星球。

入夢的人

李佳穎

／作家，曾與自轉星球合作《不如去流浪》

二〇〇五年夏天我在聯副寫一週一次五百字的小欄，電子信箱突然出現一封來址未知的信，寄件人隸屬某一人出版社（當然是社長），表示對我在小欄描述的主題關注有時，問我是否有意願合作。社長在第一封信裡便將當時他正在籌備的計畫想法說了個大白，我覺得奇特的是這種簡簡單單就交出社內機密的個性——他對一個一無所知的人做起夢來了。

我五歲時的夢想早飛進了天裡，要說我記得五歲時的什麼事，大概是幼稚園放《E.T.》給我們看，兩排階梯座加地上三十個小朋友盯著前方一台小電視，坐在我後方的那對男女小朋友四手交握摟得很緊，我從頭到尾都在仰頭下腰看他們。我問母親，她照例不記得我幼兒時期的一切。「我當時根本是個白痴。」我娘這麼形容她的二十九歲，三十一歲的我只好拍拍她的手表示我瞭解。五十五歲每天仍上班的她夢想退休旅行學英文，我夢想五十五歲仍能過著寫作的生活。

經過約一年的電子郵件往返，二〇〇六年夏天我第一次見到社長，我們在咖啡店裡聊了兩小時，幾個月後《不如去流浪》出版，是第一次合作。之後我與社長以一年喝一次咖啡的頻率相熟，每次見面都有新消息——今年竟是要跟「五年、只有一個人」的自轉星球說再見。說再見這事傷感在有再也不見的可能，但有陷阱的句子令人不禁懷疑是否自轉星球下一步是邁入第六年並擴編成兩個人。

真做夢的人會將大夢說給路人聽，夢太有趣，沒有「然後」也沒有關係。我沒有那種資質，說話捆手綁腳，但我很高興當個入夢的人，說了再見還要期待他下一本更夢幻的書。

單人芭蕾

駱以軍

／作家，曾與自轉星球合作《不如去流浪》

原來就喜歡自己轉圈
第一圈　世界在暗裡變亮一些
第二圈　洶湧的人聲稍微遙遠
第三圈　第四圈
我原以為可以順時　將孤獨轉成鯨魚的形狀
夢中動物園　失火暴動
冰封的極光貼著臉頰搖擺
第五圈　我想起那張巨大飛行器設計圖

第六圈　我逆時針旋轉
終於整個銀河系
只看見自己淡藍色的光弧
像一支停不下來的單人芭蕾
女孩們問自轉的時候你口渴嗎？
自轉的時候你看見些什麼？
第七圈　第八圈
第九圈　第十圈
有一些類似的經驗　譬如
潛水　跳傘　年輕時被豐盛地愛著
只需要將自己完全包裹　或完全打開
腦額葉裡的松果核撥開是一隻金色小蟲
或靛紫色的曼陀羅從肩膀朝手臂
竄爬出一幅神靈的怒容
再轉　再轉
因為再沒有更美的

光焰次第暗滅

直到人們遺忘　記得　再遺忘

曾有那樣一顆星球

用它全部的海嘯　颶風　雷霆閃電

每座火山爆發　地殼斷裂　物種滅絕　文明塌毀

只為了

為了

替眼皮一眨的一際瞬

增加那麼一格小小的刻度

過境

自轉星球成立五年來，我幾乎養成了每年或長或短，總得出國呼吸一些新鮮空氣的習慣。休耕，多少直接、間接刺激影響了我這些年出版的作品，無論是內容或是創意。離開自己的戰場，進入全然陌生、空白的國度。

一個人搭飛機，一個人四處旅行，累積維繫一個人的獨立與自信。

55

不同的生活風景

二〇〇七年五月三十一日，出了維也納機場，搭車直奔薩爾斯堡。

循著簡陋的地圖，我沿著薩爾河旁的人行道走了近一個小時，還是遍尋不著莫札特故居所在地的舊市區。眼前這條河流彷彿沒有盡頭。

正當我就要失去耐心，準備問路人之際，後方騎腳踏車約莫四、五歲的小男孩突然往我身後撞了上來，旁邊騎車的母親驚聲尖叫。我轉過頭，摸摸大腿，雖然驚魂未定，卻假裝若無其事，一語不發，沉默失神地望著那對母子。心中期待的，是他們一句友善的道歉。然而，那母親只顧著檢查連車跌坐在地，嚎啕大哭的兒子是否平安無事。我帶著幾許訝異與失落往前走了幾步，準備假裝無事離開。那個臉色像蘋果一樣紅潤的可愛小男孩哭聲仍不絕於耳，我突然有點不忍與不安，轉過身，走向仍佇在原地的那對母子。

「Is he ok？」母親還是沒有道歉，當然也不可能由被撞的人說出道歉。她面無表情地回了句ＯＫ，便帶著仍在哭泣中的兒子騎上車，漸漸消失在路的盡頭。

小男孩為何哭泣得如此傷心呢？驚嚇？挫敗？

六月十三日，維也納的最後一個下午，我在環城大道漫步。

這是幾年旅行下來養成的不變習慣。在旅程的最後一日，在即將離開的城市，用走路閒晃的方式，回顧眼前陌生又有點熟悉的風景。同時沿途回想，這幾天留下的回憶。

下午四時許，正是當地下班放學的時間，騎車的人群不時從身旁急速呼嘯而過。心中正納悶著為何行人道可以騎上來這麼多腳踏車之際，後頭騎士急促地按著響鈴要我讓路，我趕緊靠邊一站，看著一整排的腳踏車隊以及眼前的行人們，頓時恍然大悟：我原以為的人行道，在維也納，其實有一半是畫出來供腳踏車使用的腳踏車專用道吶！

維也納最後一天的午後，我想起那對騎車母子。

是我這個異鄉人，誤闖了當地騎士的腳踏車道。然而，那對母子是否知道他們當下被誤解了，同時，誤解了我為何沒向他們說聲抱歉？我們在同一個命運的時空當下，不約而同地，一起等待對方一句友善的道歉。

小男孩驚嚇、挫敗的哭泣聲，散失在異國遠方……

彷彿真實人生，我與你，你與他，他與我，彼此的關係像張綿延不盡的網絡，節點上存在著無數看得見與看不見的誤解。

旅行，成了真實人生的縮影。

旅行中的魔術時刻

「白日完全結束進入黑夜前有段過度時光，天色明暗曖昧，只有七、八分鐘光景，叫作狼狗時光。用鏡頭捕捉頃刻畫面，必須快速搶拍，電影拍攝手法稱之為魔術時刻（magic hour），呈現效果是物體稜線清楚，看上去卻有著夜晚的意象。」

蘇偉貞《魔術時刻》一書引言有這麼一段對魔術時刻的解釋。

魔術時刻，有點像音樂裡和弦及節奏的過門，一個情緒的轉折，顧名思義，過了這個橋段，也許眼前就是另一個不同的世界了。棒球場上也有所謂的魔術時刻，不用七、八分鐘的光景，有時只在一兩秒的瞬間。旅行也是。

每一次的旅行，究竟是在哪一刻正式畫上句點的？

我想起兩次回國後從中正機場搭車回到台北的路程。兩個魔術時刻。

某年年初，從舊金山回到中正機場，時序是冰寒的冬季。清晨六點，我坐在回到台北路上的車內，窗外天色介於明與暗之間的曖昧，天空籠罩著一片片烏雲，玻璃窗不時泛起陣陣霧氣。我與來接機的朋友交換這個月以來台北及舊金山兩地發生的事情。我不知同行回國的朋友在七嘴八舌的同時，當下內心究竟在想些什麼。對我來說，那近一小時返家的時光，總是滿布神祕氛圍。

我看著窗外，眼前擁擠的交通、濕冷的天氣，內心有些難以適應——不是不到二十四小時前，我仍行走在舊金山人潮多過於車潮的街頭？多數時刻陽光普照，即便飄雨，也是那種不打傘仍可從容漫步在街頭的天氣。

在飛機上睡了一覺，醒來後，眼前走進的彷彿已是另一個世界了。

我在腦海裡不停換算著舊金山當下的時間，應該是下午三點多，街頭景像令人感覺最悠閒的時刻。若不是搭上那班飛機，此刻的我，應該正坐在因流浪漢過多，進廁所需要向店員借鑰匙的星巴克，在不時映入的暖陽光束下，望著窗外各色人群。一切只因坐上那班飛往台灣的飛機，我的生活只要磨耗掉那一小時的回程時光，便要被重新置入一個曾經熟悉的生活環境。而整個世界，越過海峽，在許多我未曾接觸的角落，正以我無從了解的方式不停運轉著。

從中正機場返回台北的一小時車程，彷彿成了一個標界，界離了兩個不同的生活時空。

那段時光，究竟該屬於那段旅行的終點，或是再度回到自己生活崗位的起點？

某次從日本返台，到了中正機場正值黃昏六點用餐時刻。我刻意選在假日回來，好讓自己不用被強迫去面對過於匆忙的上班式生活腳步。

夕陽將整個大台北的天空染得一片火紅。此行，沒人前來接機，我一個人坐在長榮巴士上，翻讀著日本買回來的攝影詩集，心底想的是，此刻是日本的七點鐘，我被迫離開了那個近一個月下來早已適應的生活步調。不到五小時前，若不搭上那班飛回台北的班機，此刻我應該正在家裡邊吃著西友超市買回來剛出爐便宜又美味的便當，邊看電視現場轉播的巨人軍棒球賽。表定今天應該是曾以四十二歲創下最高齡完封勝紀錄的工藤公康先發吧？不知球賽進行到第幾局？那一刻，在回台北的路上，我不時提醒自己，啊！那已是另一個世界的事了。

那一小時發生的一切人事、景觀，都代表著原本熟悉卻幾近被遺忘的生活環境，以怎樣的姿態迎接著你再度歸來。

顯然，那次回台北的旅程是幸運的。

由於提著裝了五十幾本書、加起來近五十公斤的兩個旅行箱，因此迫不及待希望能夠趕快回到家裡，好卸下那過重的負擔。在巴士裡不耐煩地等待著。前座一個老外央求身旁的老婆婆，某某國宅到時通知他一聲，老婆婆以她不甚流利的英文和他不時交談著。不久，她突然走向司機，告訴他外國人想要在某某國宅下車，希望他能夠在到站時提醒他。後來，外國人順利在某某國宅下了車。過程中，老婆婆與司機表現出的禮貌與熱心，沖淡了我歸心似箭、不耐等待的心情。

下了巴士，坐上計程車，同樣遇到了一個彬彬有禮的司機。說也奇怪，那一連串過程，竟像個功效十足的收心操，讓自己在那短短一個小時內，便將不甘心回到台灣又得重新面對煩亂一切的心情，轉化得如此心平氣和，甘心安穩地讓自己回到原地。

從中正機場回到台北那一小時的時光，對每個人來說都是段魔術時刻，如此曖昧地隔離了兩個世界。

一個人的青年旅館漂泊時光

冬天的倫敦大英博物館附近，一家青年旅館。屋子有點老舊，房間裡還有絲絲霉味。我事先訂了一間四人合住的房間，每晚一個人二十英磅不到。

在查令十字路附近看完歌劇，回到旅館已是半夜十二點多。打開房門瞬間，房間裡安靜地讓人以為無其他房客入住。待一兩秒眼睛稍稍適應房內光線後，赫然發現上鋪有兩個球形體在黑暗裡閃爍著微弱之光。當我打開房內燈光，發現上鋪躺著一個貌似俠客歐尼爾，體型十分壯碩的黑人。我開口向他打了聲招呼，他依舊只是張大雙眼，身體一動也不動，半句話也沒說。氣氛當場僵到極點。無法猜透這個上鋪的新朋友張大雙眼不睡，內心究竟在想些什麼。我開始有點不安。於是趕緊換了衣服，拉上棉被，進入夢鄉。

整晚，我睡得並不安穩，不時被驚擾。隱約感覺得出上鋪的新朋友已醒，隨時準備起身。（噸位太重或者他真的醒了？）彷彿將自己拋擲進一個驚悚之夢，成了夢裡黑幫槍戰凶殺片主角。

幸好，後來清晨不到六點，他便起身離開旅館。

我還是喜歡冒險，體驗一個人住青年旅館所帶來的種種美好、無法預期的難忘經歷。

那個夏天，我住進了「Hostel Ruthensteiner」，位於維也納進出各國重站的維也納西站最繁華的「瑪莉亞救命街」小巷裡，步行至西站不到十分鐘，進出十分便利。

Check in後，我被分配到另一棟叫「夏之屋」的房子裡，與主棟僅有一街之隔。街口有個小小的公園，每晚返家或清晨外出經過，總可聞到陣陣近似家鄉茉莉花的濃鬱花香。是棵在維也納常見的二、三公尺高的樹，枝葉間布滿了淡黃色細細的花朵。這樹、公園成了我對夏之屋的記憶座標，每個夜晚及清晨返家離家途經時之花香，總吸引我稍稍停留駐足，聞一聞花香並觀看公園裡自在盡興地踢著足球的小孩或聊天的大人們。

夏之屋軟硬體均超乎我預料，十分完善。有自己的庭院、廚房，來自世界各地的年輕人都很有公德心，不管每晚餐後再如何杯盤狼藉，到了深夜或隔日清晨，庭院、廚房總可恢復原有之潔淨。整棟樓有自己的common room，每晚總有些早早回到旅館無所事事的人聚集於此，手拿一杯啤酒，便在主桌坐下，與來自世界各地的陌生人聊起來，話題不外乎是自己的國家、自己的城市如何如何。也有些人只是每晚在那安靜地讀書、寫信……

不管是來自哪個國家，男生女生，那個夏天，我在夏之屋遇到來自世界各地的年輕人，有的甚至連半句話都還來不及說上，隔天便已離開。他們幾乎都是背著一大袋裝得滿滿的背包，有時手上還提滿好幾袋換洗衣服，帶著風塵僕僕的倦意與滿身的疲倦，彷彿剛從上個異鄉抵達這裡。每晚總有固定一批人，在深夜十一點夏之屋將結束check in前一小時左右才魚貫而至，卻又在清晨天才剛亮，又已背起行囊離開，往下個城市走去。彷彿，旅館只是他們趕路途中某個稍稍停歇的驛站，一個可以洗個澡、睡個覺的地方，僅此而已。在德國念書的朋友解釋，他們大都買euro pass，天數、趕路對他們來說至為重要。於是，他們總是在離開及前往的途中，真正身體力行了大前研一在《旅行與人生的奧義》一書裡所說的：

「旅行最讓人感到美妙的，並不在於去……反而在於能有一段漂泊的時間。」

雨天的巴黎

人生不僅不如一行波特萊爾，有時甚至連一篇廣告長文案都不如。

念書時紅極一時的「左岸咖啡」每則廣告文案我幾乎都可以倒背如流。冬末，一個人來到巴黎。當我漫步於塞納河左岸，腦海裡總是不自覺地浮現那些左岸咖啡廣告裡的句子——「這是春天的第一個早晨，我在左岸咖啡館」、「雨天，沒有人，整個巴黎都是我的」……同時哼著配樂〈清晨抵達〉的主題旋律。

第一次到巴黎的我，更加確定，原來我們常常活在廣告的幻境與偏見裡，很美卻不是事實。雨天的巴黎，當然不會沒有人；即便沒有人，整個巴黎也不會都是你的。巴黎是一席流動的饗宴，永遠不屬於任何人，是一個人人一輩子爭相靠岸的港口，每年總有成千上萬流浪在世界各地的人，想上岸靠泊。

待在巴黎十幾天的時間，有一半的時間下著雨。

雨天，巴黎，很多人，我不是和他們擠在咖啡館，就是書店裡，一起浪擲、虛耗一整個下午，有時甚至一整天。雨天的巴黎，是屬於每個人的，靠得那麼近，不那麼寂寞，卻又像是一整個屋子滿懷心事的疏離。

雨天，巴黎，一群流浪的陌生人，只有心事，是屬於你自己一個人的。

最孤獨的流浪

「想家嗎？」

一個人的巴黎夜晚，坐在靠窗的位置，呆望窗外石板路小巷裡穿梭不息的行人許久。

是誰突如其來在我耳畔呼喚？

旅程的最後幾天，強烈的思鄉情緒呼天搶地而來。語言、食物、臉孔、街道……全然的陌生。為了一解鄉愁，掙扎許久，還是走進這家放眼所及，巴黎唯一賣有米食的日式餐廳。侍者全為黃色臉孔。

在巴黎的日子裡，或許因為思鄉，每每遇見黃色面孔擦身，我總刻意豎起耳朵，意圖聽辨對方所講述的語言。二月偶爾飄雪的巴黎，邂逅的黃種

人，不是來自大陸便是日本，這樣的結果更加劇我內心的鄉愁與失落。流浪者最膚淺的鄉愁，竟是語言的異同。

這些侍者是來自日本的流浪漢？用流利的日文點菜、上菜，當我正咀嚼著米飯、串燒，想像自己享受著家鄉的溫暖之際，吧台內卻傳來陣陣以北方中文腔調交談的聲音。原來，我們同是來自漢族的流浪漢啊？我壓抑內心強烈想與他們交談的衝動（啊！我也是華人啊！我好想家，我可以跟你們說說話嗎？），佯裝享受此刻一個人流浪異鄉的孤獨。這不就是每個人時時刻刻嚮往流浪最真實、最普遍的境遇嗎？

一個人流浪的幸福時光，卻被一句心生幻想的「想家嗎」給徹底崩解。在外人的眼光裡，我才像個流浪漢吧？二月，從倫敦到巴黎，為了拍攝兩個城市的流浪漢，也為了實現從小至今心中對於流浪過於浪漫的幻想，一個人在兩個城市與上百個流浪漢擦身，按下快門，當我按下快門的同時，卻滿是心虛。一個偽流浪漢，在旅途中採集真實流浪漢的故事，幻想自己與他們是相同族類，卻連走近與他們交談的勇氣都沒有。

在巴黎，有好幾個夜晚，特別是週末，我在旅館的街角，看見一群西裝筆挺的年輕人，手拿啤酒，站在幾個蓋著破舊被單、躺臥路旁的流浪漢身邊。原來，流浪漢的世界也有他們自己的PARTY，就在街邊，隨興地開了起來。而那些並非流浪漢的年輕人，舉起酒杯的同時，與他們彼此交換的究竟是怎樣的生活經歷與人生故事？那一刻，我才真正了悟到，我是永遠無法真實貼近、了解流浪漢的世界的。

又有一天，整天在塞納河搭遊艇來回乘坐了好幾回，只是為了拍攝橋下兩邊群聚的流浪漢。

接近傍晚時分，遊艇經過「新橋」，在靠近巴黎鐵塔附近，我竟望見一群流浪漢擠在橋下，周遭塞滿各式紙箱。在有限的空間裡，流浪漢升起了火，煮起晚餐。縷縷炊煙飄上塞納河河面，這個蘊藏了世人對巴黎種種浪漫想像的流域，在一個極不易被看見的角落，每天上演著如原始人般，赤裸裸的柴米油鹽。然而，他們鍋裡所盛的是怎樣的人間美食？

那個夜晚，搭地鐵回到了O'deon站，下了月台，遠遠看見月台另一端，一群警察正凶狠地圍逮三個流浪漢，月台上一陣慌亂喧嘩。當我拿起相機，對著那畫面準備按下快門之際，兩個警察卻突然以我無從理解的語言，朝我咆哮奔跑而來。我一度以為，像我這樣一個在異國拍攝流浪漢的人，最終卻要成為流落異國的流浪漢。不斷指著來不及拍下任何照片的相機螢幕，慌張地大聲喊著：NO！NO！NO！……不久，兩個警察轉身快步追逐身後試圖逃跑的流浪漢。內心驚嚇之餘，想著，我們，究竟是誰解救了誰？

原來，流浪並沒想像中浪漫！

近一個月的流浪旅程，最後幾天，一個人來到巴黎北郊，梵谷最後長眠之地——奧維。

冬日，天空偶爾飄下細雪，雙手冰冷地插在口袋裡，不停打著哆嗦，一個人在奧維小鎮晃蕩了整個下午。在那片曾出現在梵谷筆下的麥田前呆立良久，耳邊群鴉依舊低迴高鳴，彷彿牠們一直在這裡，不停泣訴著一則極其孤獨與哀傷的故事。梵谷生前是多麼熱切渴望自己得以受到人們的理解與喜愛，卻怎麼也沒料到，這片麥田會因為他的緣故，使得人們絡繹不絕地前往探訪。

冬日的麥田一片枯黃，群鴉哀鳴聲未曾間斷。離開奧維前，我佇立在梵谷與其弟合葬，爬滿不知是哪位好心人種植的常春藤的墓前，想著一百年的人世歷史變遷，世界太大，夢想微不足道。耳邊不時響著Don Mclean的歌聲：

「Now I understand
What you tried to say to me
And how you suffered for your sanity
And how you tried to set them free
They would not listen; they did not know how
Perhaps they'll listen now……」

那時我才終於明白，最孤獨的流浪，並非身體的抽離；並非飄雪一個人的北國街頭；並非沒有終點的遠方……而是一顆永遠不被世界所理解的心。

ICI REPOSE
VINCENT van GOGH
1853 1890
ICI REPOSE
THEODORE van GOGH

橋上的吉他手

六月的布拉格夜晚，九點，太陽剛下山，十一點天還微亮。

查理斯大橋燈火通明，遊客依舊絡繹不絕。白天的街頭藝人全已散去，只剩橋頭角落用力刷著吉他的年輕人。

平心而論，那勉強頂多只是民歌手水準，不似白天橋上訓練有素的頂級爵士樂手。他像我城諸多民歌手般，習慣倒刷chord，彈反拍切分音；習慣在過門及6m和弦時無意義、無思想地加入幾個插音、鎚音……但那場景、他的嗓音及身影卻深深吸引了我的目光。

不到一首歌的時間，兩個當地警察前來盤查，他沒有我預期中將有的咆哮、抗拒，只是默默地簽了幾張或許是罰款的單子，便俐落地收起吉他，彷

佛早習慣這一切，無奈地走遠，留下原地詫異的我。

隔晚，相同時間，我同樣準備趕23：24的路面電車回旅館，在橋的另一頭不經意又遇見他。他用極似R.E.M.主唱Michael Stipe優柔自棄到幾近絕望、卻又能不時流洩出滿盈曙光的聲音，專注投入的眼神，滄桑疲憊地唱著Bob Dylan的〈Knocking on heaven's door〉。那歌聲，彷彿是昨晚遲來的嘶吼，或者，僅僅是，年少學音樂、彈吉他者對無解人生命題的慣常探求、出口。我的腦海被R.E.M.的〈Everybody Hurts〉旋律排山倒海地覆蓋淹沒。

我搭上23：24的列車，準時離去。

再見了，永不再重逢的異鄉人。

閱讀聆聽一座城市

午後下過雪的倫敦，迷了路，我在一個咖啡館暫時落腳歇息，無意間聽見音響裡傳來Norah Jones的歌聲——

「Sunrise Sunrise Couldn't tempt us if it tried. Coz the afternoon's already come and gone.」

記憶被拉回幾年前，在L.A. Staples Center的葛萊美頒獎典禮上，聽見Norah Jones與來自世界各地頂尖音樂人共同詮釋THE BEATLES的〈Across the Universe〉時，內心的激動與感動。一年的時間，從L.A.到London，腦中場景如默片般反覆交疊，只剩Norah Jones的歌聲應和著。

夜晚大雨持續下著，在酒吧裡和不停抽著菸、點了一杯又一杯啤酒的英

國年輕人，仿若舊識般不時放聲大笑地聊著，也不曉得心底是否完全明瞭對方話語裡真正的意思。

音響裡不經意流洩出Travis《The Man Who》專輯裡的曲子，眼淚頓時差點掉了下來。一個人在異國想起那年青春，最徬徨的冬天，每晚總是重複在《The Man Who》的音樂裡難以成眠，直至天明。

街上冷冷清清的傍晚，在Abbey Road遇見一位歪嘴導遊，手拿披頭四《Abbey Road》專輯相關報導資料，不停述說著披頭四的傳奇軼聞。

這天，一個人來到Abbey Road，當然不會遇見披頭四，只是在他鄉與陌生人交換拍照按下快門的同時，恰巧與三個孩童遊客同時跌進同一鏡頭裡，與披頭四當年的經典專輯封面對應著。這樣的巧合，套句李安在馮光遠《50／50》書裡寫的一段話：「他對時間與空間是有意，還是無意……時間與空間對我們是有意，還是無意……」

當時，鏡頭裡的我，腦海裡正反覆追憶著披頭四當年以及自己青春曾有過的夢想。

冬日陽光終於有些許暖意的週日下午，我沿著泰晤士河南岸，由東向西：London Bridge、Tower Bridge、London Eye、Tate Modern……來自世界各地的遊客絡繹不絕，成群的鴿子在天空自由飛翔。我不停走著，心中不斷思考關於一座偉大而文明的城市，如何在現代的步履中，依舊保有古老的輝煌記憶與姿態。

在劍橋晃蕩了一整個上午後，和朋友搭車到了果園，享受英式下午茶。那曾是吳爾芙母女百年前常去飲茶的地方。我坐在靠窗的位置，想像窗外依舊殘留絲絲白雪的蘋果樹下，埋藏著多少吳爾芙當年的書寫青春。

倫敦，一座古老而寧靜的城市，十天的時間，對於整個城市的歷史來說，我所能親身看到、聽到的，不管如何動人，終究也只是它輝煌身世裡至為渺小的一部分。

哈維卡咖啡館裡的幸福時光

旅人，總是在一次又一次的遠行中，在咖啡館裡，試著親睹心中嚮往許久的異國人文風情與真實生活風貌。

這天，向晚的夕陽，金碧耀眼地映照在維也納史帝芬廣場。約莫六時，在彷佛永恆靜止於四十五度角的斜陽中，旅人拉出一條長長的身影，經過遊客絡繹不絕的葛拉本大道，準備走進一條叫做Dorotheergasse的狹小街弄。這是一條埋藏了往昔無數繽紛喧囂時光，終趨靜寂的小巷。

旅人轉個彎，來到了這間咖啡館——並未親眼目睹昔日旅人或常客心中永恆的停格畫面。此刻，咖啡館內空無一人。高大帥氣，穿著傳統咖啡館黑白制服，還在領子上嚴謹地繫上蝴蝶結，看來一絲不苟，專業的年輕侍者，溫和莊重地招呼旅人在靠窗，散發著往昔輝煌囈語的古典老沙發坐了下來。

這裡是哈維卡咖啡館，這裡，曾經是作家亨利・米勒最愛的咖啡館，在往昔自由、文化思潮洶湧奔騰的年代裡，在昏黃的燈光下，在縷縷上升的白色煙圈中，年輕人自由地在此激辯交談著。

在那個許多人心中永恆的停格畫面裡，從年輕一路來到年老的哈維卡夫婦輪流接班，在咖啡館內不停來回穿梭，盛情親切地親自接待每位來訪客人，貼心地為客人遞上店裡特製報夾的各家報紙。有時興致來時，還會對著牆上貼滿的各個不同年代海報，向客人訴說一段段一去不返的昔日燦爛時光。在那燦爛時光的起點，哈維卡夫婦開始學煮咖啡、做手工蛋糕。往昔向晚此刻，或許精準點說，應該是更早些的五點，理當是咖啡館裡最幸福的時光。店裡聚滿學生、觀光客及定時前來光顧的老客人，哈維卡夫婦端出香濃剛出爐的手工蛋糕，客人喝下香醇咖啡後，臉上所流露的滿足笑容，總成了他們心中最溫暖珍貴的哈維卡存在意義。

這晚，旅人沒遇見已八、九十歲的哈維卡夫婦。這裡一如以往沒有

MENU，不知是否為第二代的年輕侍者問他想點些什麼。旅人告訴他，可否完全聽他的推薦？於是，片刻後，侍者為他端上那道或許便是流傳已久的手工蛋糕，以及那杯下層為香濃熱咖啡，上頭蓋著一球冰涼鮮奶油的咖啡。那味道口感，令人一輩子難忘。

旅人結帳時問了侍者，想確定那是否就是俗稱的「維也納咖啡」，侍者在他的筆記本上寫下「Einspanner」。

臨走前，店裡終於走進一群旅客，韓國人。年輕侍者一如往常，稱職地接待他們。只是，當他走進咖啡吧台，再度走出來之際，場景像是整個換了一個時空，兩兩相隔久遠。年輕侍者手上端出了一瓶瓶啤酒，臉上流露出的依舊是專業嚴謹的同一號表情。當旅人離開哈維卡時，年輕侍者正佇立門口，與對面餐食店幾位年輕的傢伙嘻笑攀談……

如果你也是旅人，下次當你來到了維也納，別忘了前來尋找這個或許盡成追憶的老咖啡館。哈維卡，如同歐洲許多經典老咖啡館，不單單只是一間咖啡館，它更見證、埋藏了一段段不斷被轉述流傳的人文軼事，動人故事。

黑暗包裹著我
我在城市的夢境裡　茫然惚恍醒來
此刻我身在舊金山
在舊金山逐漸甦醒的夢境裡
窗外夜歸／未歸者不時大聲咆哮
響徹天際的救護車聲
總是急促尖銳地讓旅人心生不安
一連串的聲響畫過舊金山灰暗迷濛的清晨街道

我揉擦著惺忪雙眼

房裡房外依舊一片昏暗
旅行
在陌生　忽又幾許相似的旅館陳設中
總是容易讓人在午夜夢醒時
忘了此刻身處何方

窗外
同樣潮溼迷濛的天氣
讓人誤以為置身在那年冬天的倫敦旅館

而此刻清晨五時許的環境聲響
卻又像極了那年冬天的巴黎
同樣的鄰近街道
同樣的靠窗客房
同樣或許一夜未眠　酒醉夜歸者的咆哮聲
垃圾車與清道夫同樣於清晨城市將要清醒之際

收拾好昨夜遺留下的一整晚混亂

我藉由細細回想昨夜睡前種種
才得以確認此刻醒來　究竟身處何方

如這般
醒來不知身處何方的惚恍感
有一絲流浪的況味
讓人不時渴望追尋卻也厭倦
於是
一如往常
不斷遷徙流浪的疲憊感
促使我再度躺回床上
繼續蜷進編織那未完的旅途錯亂夢境

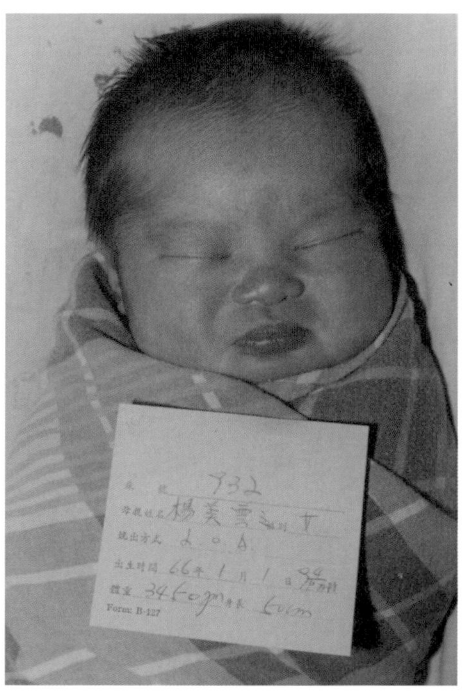

Take Me Back To

The Start

宅女小紅／自轉星球作者

Take Me Back To *The Start*

謝光萍／自轉星球第4號員工

浮光掠影

喝醉酒也要到誠品的假知青

許多男生，面對畢業即將當兵的歲月，總是帶著幾分恐懼。大部分的恐懼來自於害怕當兵會使他們失去原有的夢想，不知當完兵後的世界及自己會變成什麼模樣。如今回想起我自己當兵至今走過的歲月，才發現，比起當兵，更該擔心的，應該是踏入社會三、五年後，是否依然能保持、堅持當初踏出校園時，夢想的初衷。

那年，畢業即將離開台北，跟幾個一起插大的學弟度過一個難忘的夜晚。四個男生從超商買了幾十瓶啤酒回到不到五坪大的羅斯福路宿舍，歡送我即將入伍。那裡填塞無數個夜晚「最好的時光」，幾個乳臭未乾的假知青，急著在天亮前訴盡滿腹理想，並留下許多極不成熟，如今想起異常丟臉的廣告idea。

「J畢業要去當兵了，今晚要好好喝個大醉啊！」假知青之王C說。

「來啦來啦，淋啦！賣共架多啦。」酒鬼W說。

「希望你們明年可以順利奪下時報廣告金犢獎！」即將畢業的H，與大家一起做了一年廣告作品，參加時報廣告金犢獎，最好的成績只拿到銅犢獎。

「死菜兵！淋啦，還不來敬學長……」明明還有一年才畢業也還沒當過兵的C，向H嗆聲。

「當個兵也不錯啦！回來以後大家再一起開個廣告公司……」現場唯一當完兵的W說。後來，他成了當晚那群朋友中，在廣告界混得最好的人，不到幾年，便已奪下時報廣告金像獎年度最佳CF的最大獎，以及其他無數個獎項。

「好累喔！我先睡一下，你們慢慢喝……」剛剛嗆聲的C，不到十分鐘便在床上躺平。

「啊憮丟很會淋，才喝不到一瓶就要倒囉?!」

「起來啦，不是說要聊個整夜？」總是在一旁插花的L鼓躁著。

……剛躺下不到半晌的Ｃ，已發出陣陣鼾聲。

剩下的三人，整晚聊著大學的記憶，未來的理想，偶爾心生空洞貧乏不切實際的茫然感。沒有人知道，未來會變成什麼模樣。不知不覺，窄小的宿舍已滿地盤狼藉。

「沒酒囉？再來去ＰＵＢ續攤啦，學長要當兵了，怎麼可以這樣就結束了……」時間已過凌晨二時，Ｗ彷彿還意猶未盡，或是，心中對友誼的依依不捨？

四個即將離別的大學生，搭上深夜的計乘車，在羅斯福路上往ＰＵＢ方向馳騁。

我們在中山北路一條以ＰＵＢ街聞名的小巷下車。凌晨近三點的台北巷子裡，眼前是一幅在台北幾年從未見過的魔幻寫實畫面，幾乎就要讓人以為，我們是否誤闖進了流浪漢的村落。（莫非那夜的記憶，是我日後對流浪漢產生極大興趣，並將之企劃成書的最初啟蒙？）

我們經過一家家即將打烊的ＰＵＢ門口。

「這家我知，光看台上準備收班的樂手我就知道，我們台中也有這種

團，台上的樂手一定都唱芭樂歌啦，聽眾還可以點歌，不是〈加州旅館〉就是邦喬飛的〈ALWAYS〉……這種店不適合我們這種文藝青年啦……」

「幹，這家是怎樣？還有人在台上唱平劇喔？還是演布袋戲？舞台幹嘛搞得像鬼畫符一樣……」

我們在一家家PUB門口來回徘徊評論著，跟一個個正四處翻尋垃圾筒的流浪漢擦身而過，並且重複交換一次又一次「信任」的眼神。（原來，大學時一直自以為是知青的假知青，喝醉酒後，才認清自己到頭來也不過只是城市裡一群經常被忽略的流浪漢？）

終於，找到一家距離打烊時間超過十分鐘以上的店坐了下來。沒人記得，那晚，這四個大學生究竟交換了多少對於未來多麼偉大的理想。

W從廁所回來時，喜孜孜地向大家說：「跟你們說喔！他們廁所貼的那張酒的廣告，是我上學年做的廣告作業！呵呵呵……」W平時總是沉默寡言、內斂，大概只有在喝醉時，才會主動同我們說上許多話。

「幹！你那麼屌喔？最好你畢業就給我進奧美廣告！」當時，大聲嘶吼著的H萬萬沒想到，後來W真的進了奧美，而且在廣告職場生涯裡，一路扶搖直上。

酒店將要打烊，四個大學生還不肯散場。

坐上計程車，我們唯一可去的似乎只剩二十四小時不打烊的書店——敦南誠品。

天已亮，四個大學生跌跌撞撞走上二樓書店，各自找到舒適的位置，彷彿入睡地做起夢來。那幾個場景，如今回想起來，真有說不出的荒謬。

W手拿一本《廣告年鑑》，坐在地板，倚著書櫃，整個人張大嘴巴，舒服地睡起覺來（當時我就看出來，W是真的很想做廣告）；H站在新書區前，捧著陳昇的新書《鹹魚的滋味》讀了起來，一不小心打了個盹，書掉落地面，頓時書店裡零星的讀者目光全轉向了他。後來，只陪著大伙兒喝了一瓶酒，理當最清醒的C，從古典音樂區拿了一本《古典音樂欣賞》走向櫃台結帳。店員望著我們一群人，露出狐疑的眼神，冷冷地問道：「《古典音樂欣賞》，先生您確定是這本書沒錯喔？」

假知青就是假知青，連喝醉酒都要上敦南誠品出糗。然而，卻還能憑著僅存一絲清醒的本能，選擇了適合自己的姿態。

那晚，人渣哥兒們的哈拉時光，在荒謬中畫上句點。那些談論過的夢，做過的蠢事，歷經十來年的時光，依舊歷歷在目。想起當時談論過的許多夢想，不管是否已經實現，依然如此激動、難忘。

聆聽自己心底的鼓聲

「為什麼要老是知道該做什麼？為什麼老要在對的時刻選擇對的位置？從冷然秩序的高空往下看時，你向東走或向西走有誰能分辨……」

某年放假返鄉，在家中書櫃翻到學生時代陳舊的剪報，發現多年前楊照在人間副刊三少四壯專欄文章裡的這段話。心頭一緊——為何這幾年，自己對許多事要汲汲營營，堅持非怎樣不可。

這天午後，陽光明媚，像極了記憶中再平凡不過，卻似乎注定要寫下一段故事的開端的例常午後光景。

我刻意排了一個在內湖的會議，並事先抽空繞往東湖的婦產科醫院。

計程車裡的我，想著大學畢業以來的這段漫長時光。

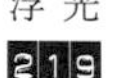

學弟是我大學時最要好的朋友，我們同年插大上廣告系，我大三他大二。插大生有修不完的課得補上，而且我只有兩年的時間。我們幾乎有一半的時間在一起上課，一起趕課、一起做報告、一起拍片、一起爛醉……一起往人生的夢想，同一個方向前進，在課業裡累積了堅定的友誼。

對於廣告的夢想，我只在大四時在廣告公司待了近一年，畢竟會進入廣告系，除了對廣告的興趣，最主要的原因仍在於退伍後希望能順利進入唱片公司擔任企畫。而學弟則在當時便下定決心，一心一意希望一輩子能夠待在廣告公司，拍出自己滿意的作品。甚至有幾個像似此日午後，或者某個熟悉的午夜時光，我們在咖啡香或酒精的刺激下，曾一同許願，希望有朝一日，我們這群死黨能夠自己開間廣告公司，連職位都分工好了。沒想到，今日，最早開公司的是我，而且，是之前料想不到的出版社。學弟則在廣告圈一帆風順，聯廣、麥肯、奧美、智威湯遜……一路歷經了台灣各大廣告公司的完整歷練，有朝一日，他必定是我心中台灣廣告界最優秀的ＥＣＤ（執行創意總監）。

幾年前，學妹從倫敦修完藝術行銷返國，大學時便是班對的學弟與她，如大家預期地結了婚。

這天清晨，他們的小孩出生了。坐在計程車上的我，往日畫面一段段浮現，心底彷若隔世，像東湖沿路施工的路景給人之感，一段段，風塵僕僕，風塵僕僕……

我在醫院看了剖腹產後仍相當虛弱的學妹，看了仍一臉稚氣、不像爸爸的學弟，一起與他們及小孩拍完照，彷彿為往日時光畫上一個暫時的註腳。

那年，學妹在倫敦念書，學弟剛進廣告公司，是個有說不完的滿腹委曲、忍辱吞聲的大菜鳥。而我剛進唱片公司，對於音樂仍有聊不完的夢想。

那晚下班，學弟來到我位於永和的租處。一同喝酒話敘到凌晨。經過整夜的酒熱耳酣，在他進洗手間前，我不經意地提醒他——不要吐在廁所裡。

隔了近三十分鐘，當我以為他可能在廁所裡睡著了之際，他終於走出來，回到座位上，神情興奮激動地向我再度舉杯。沒想到，那瞬間，他突然在我的地毯上一發不可收拾地狂吐滿地……

這段往事，成了我倆關於友誼、關於喝酒最難忘的記憶。日後每當提及此事，他總是可以找到不同的理由為自己的爛醉搪塞——

「我有照你的話——沒有吐在廁所裡啊……」

「沒辦法，你的房間布置，感覺太像廁所了……」

轉眼間，他已有了小孩，我們大概再難有機會，度過如此這般看似百無聊賴的胡鬧時光。

人生有許多不同方向，不同決定。我們與許多人、許多事，在某個時間點，不經意地，岔了開來。

離開醫院，來到內湖BenQ大樓開會。對我來說，這裡一直是個十分陌生的地區。

開完會走出大樓，已是晚上用餐時間。我不確定眼前的方位，憑直覺判斷，應該穿越大馬路，走到對面，才是搭計程車前往木柵線捷運中山國中站的正確方向。

我站在十字路口，望著對面從BenQ、鴻海等科技大樓裡紛紛走出的下班人潮，突然珍惜起自己現在的工作，至少它讓我可以不用每天與這城市廣大的人群走往同一個方向，遵守共同的時間規律與秩序。

經過十幾分鐘，仍未搭上計程車，心想，該不會剛總統大選完，經濟就突然這麼好轉起來，計程車班班滿載吧？同時感到有些不對勁。眼前計程車幾乎全都循著馬路對面的方向行駛，科技大樓裡下班的人潮，也幾乎是順著那個方向，川流不息。此刻的我，成了人群裡逆向、落單的一方。

原地空耗近三十分鐘，終於搭上計程車準備返家。

交代完司機目的地，司機卻帶著惋惜地口吻，不停向我叨念：「你站錯方向了，你要到中山國中站，應該到馬路對面去搭車才對，這樣我必須再折返繞巷子一圈，回到你剛剛等車的十字路口，再走到對面馬路……」

「唉！我剛剛可是為了順路，特地從對面走過來這裡的啊……」計程車裡的我，在心底苦笑著。突然想到兩個可以安慰自己不僅白白走到對面，卻又必須多花十幾塊錢繞回原地的兩段話。

多年前楊照在人間副刊三少四壯專欄文章裡曾寫過這麼一段話：「為什麼要老是知道該做什麼？為什麼老要在對的時刻選擇對的位置？從冷然秩序的高空往下看時，你向東走或向西走有誰能分辨……」是啊！往東或往西，在茫茫人海，又有誰會發現？又有誰會在乎你的方向與決定？重點是你自己是不是依自己所想的，做了自己想要的選擇。

同時想起某句西方先賢的哲語——

「隊伍前進時，腳步不一樣的人聽見的是不一樣的鼓聲。而這個所謂不一樣的鼓聲，應該不是來自外界，而是源自內心。」

走錯方向又怎樣？至少我明明清楚聽見了自己內心的鼓聲！澎澎恰澎——澎——澎澎恰……

The drummers begin to drum. I know which way I'm going. I know what I've become……

（COLDPLAY／Til Kingdom Come。原歌詞為：The drummers begin to drum. I don't know which way I'm going. I don't know what I've become.）

生命中的溫柔酒吧

「溫柔酒吧總有一天會拉下鐵門，就像我們的青春一樣。」

這是二〇〇七年，我在《誠品好讀》推薦年度我最愛的一本書《溫柔酒吧》時寫的一段話。自轉星球曾有兩個極為重要的溫柔酒吧。

巴黎冬末，台北初春。二〇〇六年三月十日，獨自一人結束了《不如去流浪》倫敦與巴黎的流浪漢影像拍攝之旅，回到台北，準備繼續自轉星球第二年的運轉。

那個春天，雖然想再更刻骨銘心地繼續在那狹窄租屋處撐上一段時間，但現實已迫使我必須遷離那孵夢基地。於是，起身，準備揮別自轉星球的「右岸」時代，來到「左岸」時光。在春雨綿綿的四月初，從和平東路右岸遷移至對面的和平東路左岸。

原本空無一物的房子，已經塞滿了右岸星球留下的舊物、舊夢。

四月初，某個雨夜，我聽著窗外的雨聲，看著眼前總算就緒的一切，心中不停嘟噥著：「一切又是個全新的開始。」

在左岸，與右岸蠻荒遍野的初期最大不同處在於，眼前一切彷若波光似錦，那盛開如花的夢想，鮮明地映在遠方。

我從走得太急太快的這岸，遙望當年右岸風光。

在不到四坪大的房間／辦公室，像是再度回到學生時代。單人床、學生電腦桌、學生式衣櫃、一張閱讀椅、老舊十五吋影像不清的二手電視，像是離鄉北上求學的學生制式人生布景，單調而統一地填滿了我空洞的房間。我只能靠著在每個失眠的夜裡，不停幻想做夢，好安慰整個屋子的單調寂寥。

依然是愛迪達球鞋與白色運動襪；依然是成天T恤與牛仔褲。在陽光灑滿街道，毋須送快遞的日子，我會帶著電腦至附近的「ER／東路咖啡」用餐。然後戴上耳機，假裝煞有其事，認真地整理蕭青陽《原來，我的時代現在才開始》訪問稿，重回十八年、八百張唱片的故事現場。啪啦～啪啦～啪啦～～～我不停敲打著鍵盤，極力不讓自己掉進回憶的河流漩渦裡。

我們的人生，聽遍、看遍、經歷遍各種形形色色、荒誕奇謬的故事，漸漸有天會明瞭，在你進入一則故事前，必須先學會、練習說再見，無論是帶著微笑或眼泛淚光——溫柔酒吧總有一天會拉下鐵門。

就在自轉星球即將從右岸時光進入左岸歲月的那個春天，「ＥＲ／東路咖啡」已開始改裝，東路咖啡將變成「ＥＭＨ戶外裝備」，即便此業在台灣環境有極高挑戰性，但老闆JAMES的興趣告訴他，人生就是要過得讓自己過得開心，盡全力去做好自己喜歡做的事。於是，「ＥＲ／東路咖啡」隨著星球右岸時光結束，進入了「ＥＭＨ」時代。

來到ＥＭＨ時代，在左岸時光裡，自轉星球總部在因緣際會下，幾乎同步搬進JAMES家「車庫」。身為星球球長的我，每天開始徹底把ＥＭＨ當作我的溫柔酒吧。開會時總是約在溫柔酒吧，就連晚餐沒有在外開會時，都會習慣到溫柔酒吧搭伙，吃徐爸、徐媽煮的美味家常菜霸王餐……

白天總是耗在溫柔酒吧鬼混，像個無所事事的晃遊者。某天，當隔壁水

©蕭青陽

電行阿嬤從JAMES口中獲悉我有「正當職業」時，驚訝不已地向我說著：「我還以為你是無業遊民，每天無代誌倘做，干吶地加晃來晃去。」在謎底揭曉前，我在水電行阿嬤的心中，當了不啻一年，童年時最怕被阿嬤咀咒的「七淘人」、「了尾囝仔」……

二〇〇七年九月二十九日，黃俊隆生日，自轉星球已出了十本書，即將滿三週年，而星球的球長卻一直像個長不大的彼德潘，不時懷念右岸那處NEVER LAND，最初總是最美。

一切，故事，在此刻仍顯得如此美好。

然而，二〇〇九年五月四日，春花盛開，細雨綿綿之日，自轉星球進行了第三次遷移，不捨地離開左岸時光，搬離了一個人的home studio，在臥龍街有了一座全新的星球總部，漸漸有了三位同事，真正告別過去四年，在自己家裡做「出版家庭手工業」的一個人的自轉星球時代。

每個人心中都有一條安心被

「每逢有安心毯被命運硬生生從我身邊搶走的時候，我就會想起當年我母親可是用何等溫柔的方法，修剪掉我的第一條安心毯。」

安心被在《溫柔酒吧》主角JR心中，占據了極重要的位置。

創業之初，出版業對於從小務農的雙親來說，是個無從理解想像的職業。很難向他們解釋公司營運得如何，畢竟，做出版很難用父母較能理解的賣水果，秤斤論兩的方式向他們解釋銷售量及業績。以致創業初期，他們心裡十分擔心，三不五時來電關心營運近況，偶爾還會在電話裡苦勸我回員林工作。某次深夜，父親在電話的另一頭，努力說服我，看到傳單廣告刊登家鄉的正興輪胎在徵美工，問我要不要回去試看看，如今也忘了當初是如何搪塞推掉的。

後來，父母偶爾從媒體看到我的報導，才從此打消勸我返鄉工作的念頭。這些報導成了我與家人之間的家書，也成了父母心中關於我的安心被。

對我阿嬤來說更是如此。

好長一陣子，心中常有解不開的疑惑——是不是每個人的人生都習慣、必須，依附、依賴著什麼而活？不管是有形或無形的。

我最常聯想到是「安心被」這件事。

每個人在成長過程中是否都曾有依賴著一條安心被不放的經驗？我看過，也耳聞許多例子。但回顧我的成長軌跡，安心被好像不曾出現在人生裡，一定是被我內心依戀不放的某個東西取代了吧？

《溫柔酒吧》故事裡的主角ＪＲ小時候也曾依戀一條安心被。他的母親想盡各種辦法也戒不掉他這個癮症。後來有天睡前當ＪＲ發現安心被好像突然變小，疑惑地問母親，母親卻告訴他，或許是洗到縮水了，他會特別注意，用冷一點的水洗。後來安心被日漸縮小，原來，母親每晚趁ＪＲ睡時，偷偷拿著剪刀進入房裡，一寸寸慢慢剪去他的安心被，因此那安心被逐日變成安心圍巾、安心毛巾，一直到小布頭，直到離開ＪＲ。

「在那以後，我還是有安心毯，很多條，看是什麼人、什麼想法、尤其是什麼地方被我套上變態的依戀而定。只是，每逢有安心毯被命運硬生生從我身邊搶走的時候，我就會想起當年我母親可是用何等溫柔的方法，修剪掉我的第一條安心毯。」

ＪＲ在書中的這段自述，或許告訴了我們，安心被不見得是一個看得見的具體物件。心底對某些事、某些人、某些記憶的依戀才是重點。

這麼想來，安心被也不見得與年齡有直接關聯，就如同以下兩則故事。

二〇〇九年初，出版《孫大偉的菜尾與初衷》，其中有篇故事感動了許多人。

孫大偉的兒子小牛身高已近一八〇。有天當他大二考上轉學考，準備遷入新宿舍，匆忙中，卻丟失了跟在他身邊近二十個年頭的小被單。長得人高馬大，已快成年的小牛，就這麼當場驚慌、傷痛地哭出眼淚來。後來孫大偉不斷講述這個故事給眾多朋友聽，原因竟是——他意圖藉由朋友一遍又一遍

的嘻笑聲，嘲弄自己內心感同身受的隱隱作痛。關於那切身的傷痛，孫大偉是這麼寫的——

「他比小牛活得久，經歷過更多人世的聚散與無常。有些分手是突如其來的，讓人無法準備、措手不及。有些告別卻是眼睜睜的看著他一點一滴發生，卻也沒有半點辦法可以阻止。

對他這個父親來說，隨著那兩條小被的不告而別，也意謂著以前那個站在幼稚園門口對他飛吻之後，還會高舉著雙手對他不斷揮舞的小男孩，從此真的斷了音訊、不再回來。」

那個在校園裡丟失安心被而當眾痛哭的小馬，對孫大偉來說，像是心中長久依賴攀附的一大塊東西，突然崩落告別的過程。安心被看來，或許僅僅是個情感的連結，某個意義的符號象徵。

在農村社會，從小帶我到大的阿嬤，人生中或許也有數不盡的安心被。阿嬤生了八個兄弟姐妹，過世的前幾年，父親四兄弟分居四處，山上老家早無人居住，阿嬤開始帶著同一顆枕頭（安心枕？）與一包簡單行李，四處為家。不知是不是長久不斷遷徙所致，那幾年與她談天，總覺得她心中有著越來越強烈的流浪與疏離感。記憶力日益退化的她，越來越吃力與努力地試著想抓住、記起眼前當下所流失的一切，一件事、一個人、一片風景、一段故事……

某晚，在新莊二叔家共進晚餐，阿嬤正好北上暫居。當時我剛成立自轉星球。

晚飯後，二叔拿著一篇約莫半版的《聯合報》報導，上頭有張我拿著麥克風的斗大照片。二叔與二嬸開心地向阿嬤解釋那篇報導。

「啊哩係地咧衝啥？奈底咧報紙面頂？」阿嬤一頭霧水，狐疑地問著。

「恁孫仔做頭家啊啦，自己開公司啊，報紙報出來啊啦……」

二叔不停努力解釋，阿嬤臉上始終流露出似懂非懂的表情，只見她不停微笑著。

那晚夜深，準備返家，想帶回那張二嬸為我留下的剪報，在客廳找尋許久卻遍尋不著。二嬸見著，笑著對我及二叔說：「被恁阿嬤拿去藏在枕頭下了啦。」

日後，經過幾年不停遷移，我不知那報紙是否被阿嬤在某日遺落在某處。也不知那事是否能夠留駐在她心底，或者也在她腦海中隨時間散迭。我知道，有許多東西不停地在阿嬤身上與心中，慢慢流失，包含記憶。記憶力越來越差的她，總是不停反覆遺忘前一刻剛發生的事，然而，對於小時候的許多故事卻又彷彿記得比誰都清楚。

我的無力與無奈在於，不知道如何能讓阿嬤對我的記憶，永久停留依附在一件有如安心被的事件上，或許連那張她試著藏起的報紙也無能為力。

交換彼此的夢想

「在走廊上罰站打手心／我們卻注意窗邊的蜻蜓／我去到哪裡你都跟很緊／很多的夢在等待著進行……」

入秋，往山頂老家的山路上，兩旁當年放學必經的墳地早經過遷移更新，一望無際的牧草原，已逐漸染上秋的顏色，加深回憶的蒼茫。

耳機裡傳來好友方文山寫給周杰倫的歌。彷彿是昨天，那故事清晰浮現。

放學後的三合院，我與死黨C在院子那棵芭樂樹下，象徵性地擺放了滿地從山裡撿來的楊桃，去祖先公廳拿來三柱香，在簡陋儀式下，結拜成為拜把兄弟。老氣橫秋地，嘴裡一起大聲念著——不管人生歷經什麼大風大浪，

兄弟彼此一定要兩肋插刀，互挺到底……

走在放眼已是秋景的兒時上下學必經山路，耳機裡傳來的聲音，不時提醒、質疑著我——這是背叛？

四年多前，C從故鄉打電話給在台北初創業的我，說是要選里長，希望我回家鄉力挺他一票。掛上電話，我繼續忙碌處理、思考自轉星球運轉得不怎麼順暢的解決之道。當然，當時身處台北的我，錯過了家鄉一場不該遺忘的選舉。

那年過年返鄉，聽父親說起C當上了里長。

大年初一，C帶著賀禮挨家挨戶地拜年。來到我家，我迴避內心的心虛，與C無關緊要、故作瀟灑地閒聊著在台北不怎麼順利的事業。

過完年，我們再沒任何聯繫，鄉音，總是從偶爾父親的電話裡，及偶爾的返鄉假日中獲悉。

某年返鄉，依例前往國小老師家拜年。

「你知道你同學C要離婚了嗎？我常在里長的聚會中，發現他很愛跟其他女生亂來……」同樣身為里長的師母詢問我對C的人品的看法。我沒為C辯駁，我心虛，長大，離開故鄉，久了之後的遺忘與無能為力。

後來，C競選連任，落選。

「將願望折紙飛機寄成信／因為我們等不到那流星／認真投決定命運的硬幣／卻不知道到底能去哪裡……」

回憶，排山倒海，向我腦海逆襲而來。耳機裡，周杰倫的歌聲依舊。

*

那晚，許久未聯絡的朋友捎來電話。隔天，他要去英國念書了。他曾是我學生時一起玩音樂，一起許願長大後要做自己的音樂的好朋友……

「你收了行李／下個星期要去英國／遙遠的故事記得帶回來給我／我知道／你想要卻又不敢對我說／因為我已改變太多……因為我曾是你／我曾是你／無話不說的朋友／因為我們改變太多」

說完故事，小巨蛋舞台上，陳綺貞唱起〈下個星期去英國〉。舞台下，許多人在那音符裡，溼了眼眶。我的腦海，不時浮現兒時至今，身邊一個接著一個，來來去去的朋友，他們現在身在何方？兒時的夢想都實現了嗎？還是早有了更偉大、更遙遠的夢想？正為這些夢想，在世界的某個角落，同我一樣，不停地努力著？

長大後，看著身邊朋友實現當年許下的夢想，常會替他們感到興奮與開心。相對地，是不是我們自己，在許多朋友眼裡，也幫他們實現了年輕時他們曾夢想過、卻因現實的種種因素而無法實現的夢想？

不是每個人的一生，都有機會實現自己的夢想。

小時候身邊那些優秀、有才華的人，長大後，往往常是最安於平凡的人；當年總是不經意被忽略，彷如塵埃隱形般的朋友，反而突然有天，你看到他竟然完成了一件事，一個你不曾意識到的夢想。

小時候的我們，誓言的樹下，圍牆邊，操場裡……沒人料得到，長大後，夢想會變成怎麼一回事。

*

「活到這個年紀，誰的身上不是傷痕累累……」

孫大偉邊為大家泡著茶，邊聊到關於說再見這個話題。並非有感而發，而是如白開水般淡然，順口輕鬆道出這麼一句。

生命免不了留下傷痕。用正面的態度勇敢面對它，慢慢會察覺，有天它突然變成一道傷疤，一道曾是勇敢走過某段艱難路程的印記。

在企畫出版一本新雜誌的過程中，某段時期壓力大到不時做夢。某夜，夢裡又回到童年時光，穿著白衣藍短褲，放學後和夥伴在三合院裡玩耍，邊擔心隔天學校的考試，邊約定隔天要一起共赴考場並肩而戰。隔日醒來，偌大的教室裡空蕩蕩的，僅剩我一人坐在椅子上，獨自無力面對那艱難考題，一題也答不出來。夢裡的我，和醒來時一樣，滿身大汗。

清晨，一如往常騎著車前往公司的路上，天邊飄過幾片烏雲，偶爾透出幾絲陽光。昨夜的夢還殘留腦海。回過神，清醒地張望現實世界——說好要一起企畫完成雜誌創刊的好朋友，熬了幾個月，突然說要放棄了。天邊烏雲，無論前進到何方，依然籠罩著我，就像兒時死黨C的身影。

淚水比天邊的雨滴早一步，傾盆而下。

我們是否都曾在成長過程中，不經意地誤解、背叛、傷害了身邊最好的朋友？找不到適當機會解釋，或者開不了口，隨著時光前行，兩人的人生便從此慢慢漸行漸遠。想起那晚看完方文山演出的屏風《六義幫》，走出劇場，心還隱隱刺痛著。劇裡一群一同長大的好友，成長中歷經種種愛恨糾葛、誤解、分離……劇終，終於穿越二十年時光，穿越陰陽再度重逢。問起對方——若拿伴他們成長的那首歌「給好朋友的一句話」來問，答案會是什麼？竟是，短短一句「我好想你」。

進到辦公室，淚水已乾。陽光又比剛才更露臉，閃耀了些。

照例開窗。窗外那棵欖仁樹，葉子從原本夏季的翠綠逐漸轉黃、掉落。那斑鳩春天築的巢已顯稀落，三隻幼鳥早長大，不知飛向何方。偶爾母親還會回來，在我窗沿來回徘徊。

我不能丟下許多人熱情幫忙，即將完成的雜誌。打開電腦，打起精神努力處理後續該進行的事務。寫了封信，與設計師聶永真溝通新書記者會事宜，告知某特別來賓二話不說答應了，且斷然拒絕收受任何車馬費，理由是設計師原本就該力挺設計師。所以，當天他也不想講太多話，一切應該讓焦點回到聶永真身上。

聶永真看到這段，回信說他快哭了，「我以後長大也要這樣超有氣概的，很ＭＡＮ的鐵漢柔情是我的夢想。」

而我，可否不要長大，讓時光，永遠停留在童年那棵芭樂樹下。

Take Me Back To
The Start

聶永真／自轉星球作者

Take Me Back To

The Start

李怡芸／自轉星球第5號員工

Take Me Back To

The Start

記念

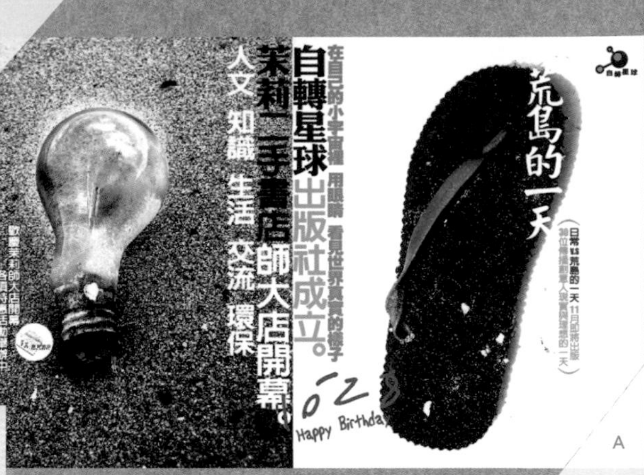

A 自轉星球成立記者會海報。B《日常vs.荒島的一天》記者會與蕭青陽及其小兒子合照。C《日常vs.荒島的一天》於敦南誠品舉行十二小時馬拉松式的「永遠的一天」宣傳活動，以紅包袋作為宣傳DM。D《日常vs.荒島的一天》一套四款之拖鞋書籤。

誠品好讀

2005最佳獨立出版社

在
自己的
小宇宙裡，
用眼睛
看見世界
真實
的樣子。

新書分享

轉星球 跨年夜

E

G

F

E 蕭青陽《原來，我的時代現在才開始》拍攝封面現場側拍照。F 蕭青陽設計送給自轉星球二歲生日賀圖。G 2009年初以《孫大偉的菜尾與初衷》封面視覺設計而成之賀年卡。

Take Me Back To

The Start

記念

H

I

J

K

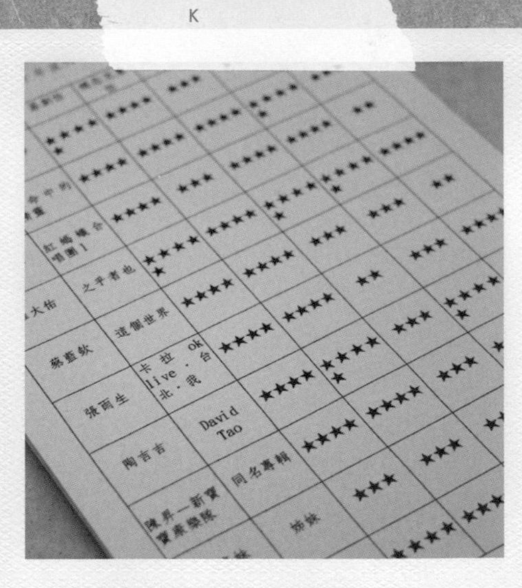

H 2006年1月1日夜晚，於誠品信義店舉辦「Delay版跨年」簽書會。I 彎彎與蕭青陽於自轉星球跨年簽書會，難得同台簽書。J 2006年春天，自轉星球祕密基地第一次遷移，來到了「左岸時光」。K 退伍後寄給各大唱片公司，寫滿我對音樂滿懷的夢想的手工履歷表。

M

自轉星球 夢遊人晚安報

2007 / 01 / 15 第 001 期

You'll find passion and courage in another world, say goodnight.

1. 敲門放我出去（編輯台報告）

2. 廚房餐桌旋轉（新書內容）

《365G》— 2006 台灣不可思議新聞大百科 / 自轉星球 02.01 出版

3. 搭乘南瓜馬車（相關報導）

4. 撿到金履鞋（私推薦）

1、king of convenience / quiet is the new loud
2、sigur ros / ( )
3、the delgados / HATE
4、the album leaf / into the blue again
5、賈先夏 / 黑暗之光

5. 夢囈留聲機（活動訊息）

http://news.chinatimes.com/Chinatimes/newslist/express-list/

6. 回到普魯斯特的床（相關聯結）

彎彎部落格　http://www.wretch.cc/blog/cwwany

http://blog.yam.com/...

L

good morning

夢遊人早安報

03 2005.12.30

你20歲？30歲？還是40歲？你還維持夢遊的習慣？
太陽升起，別賴在昨日的床上，趕緊起身，用一封信，向全世界，向你的朋友說聲　早安！z z Z Z Z03

第參号

2005年12月30號
編輯聚會所：自轉星球　讀者發行
發行區域：全世界各大星球
版權所有，歡迎轉寄

做早操

被忽略的懶惰小事

圖1 彎彎畫馬市長的照片
圖2 彎彎與馬市長合照

那天彎彎出席了台北市政府無線網路WIFLY啟動記者會，整個記者會小編我只聽到馬市長不斷重複什麼HOT POINT什麼HOT ZONE；什麼台北市從今天起有了WIFLY的HOT ZONE設施後，走到哪裡「不用接線」都可以隨時隨地上網。

小編我抱持著求知的精神回到家查資料後才終於了解，原來，跟我們家裡申請有線網路ADSL等服務一樣，雖然台北市已是馬市長口中無線網路建構速度及普及率在世界上首屈一指的城市，但是，錢非萬能，沒有錢卻萬萬不能，如果你也想享用台北市先進的無線網路措施，還是得花錢買WIFLY的月租費或點數啦！想知道相關收費情形，可以這網站喔！

www.wifly.com.tw

夢遊人早安
自轉星球新書分享新年夜

1月1日 20:00－00:00

誠品台北信義旗艦店

活動內容：特別佳賓祝賀/自轉星球社歌及MV欣賞/自轉星球創社一週年影片回顧
蕭青陽、彎彎簽書會/蕭青陽新書分享會

12/30(五) 中國時報副刊浮世繪版主編夏瑞紅部落格帳篷會，與蕭青陽談心
http://blog.chinatimes.com/xletter/

1/1(日) 20:00~00:00 台北信義誠品旗艦店
2005《誠品好讀》最佳獨立出版社
夢遊人早安－自轉星球新書分享跨年夜

1/2(一) 20:00~23:00
蕭青陽準時上線於夏瑞紅帳篷會與大家直接對話分享關於唱片的故事
http://blog.chinatimes.com/xletter/

1/？　（上線播出時間未訂）
中時電子報總編輯郭至楨錄影專訪蕭青陽，專訪內容請上中時電子報點播觀看
http://news.chinatimes.com/

1/5(四) 21:00~22:00
中廣流行網主持人敖君怡專訪蕭青陽(LIVE)

1/7(六) 14:00~16:00
彎彎簽書會 — 高雄誠品大遠百店

1/12(四) 23:00~00:00
中廣流行網主持人王欣欣專訪蕭青陽(LIVE)

去咖啡館　永遠不要忘了曾經幫助過你的人

從年初參加美國葛萊美頒獎典禮回國後，為了心頭揮之不去的激動與感動，蕭青陽與我便開始構思，展開這本書的籌備工作。近一年的時間，我們幾乎天天碰面，為了逛書店找資料；為了訪問錄音；為了某歌手朋友的發片活動；或者只是為了一場陽光太好，不甘寂寞的下午茶……總之，我們腦海裡不時裝滿了書中所寫的每段故事。當然，更包含了無數次大大小小的爭執。從春天到多天，這本書在流浪了三家出版社後，我們最後還是決定由我自己的出版社「自轉星球」出版。這裡頭有太多艱辛的歷程與我們對書籍出版過度美好的想像與偏執。我們都是不習慣主動輕易開口向別人請求幫忙的人，卻往往發現，生命受之於人者實在太多太多。感謝生命中曾經幫助過我們及這本書的所有人！在這個溫暖的季節出書，蕭青陽說他忽然想念起這十八年來，在12×12公分裡的每一張容顏。這是今年蕭青陽四十歲時，入圍葛萊美最佳唱片包裝設計獎後的人生回憶精選。四十歲，彷彿在入圍葛萊美的那一刻，他的人生才剛要開始加速起步。問他，最後還有何疏漏想說的。他說，八十歲時，或者再一次入圍葛萊美時，要再出一本，當做本書的續集，是為自己對未來人生的另一種期許與責任。

名人說早安　林暐哲

編按：感謝《誠品好讀》在自轉星球成立邁向第二年之際給了一個「2005最佳獨立出版社」獎，對一個成立甫滿一年，只有一個人，只出了四本書的出版社來說，真的是個極大的肯定與負擔（雖然我一直懷疑獨立二字是否只是意謂著沒什麼錢），記得去年10/29，在自轉星球成立記者會上，我反覆播放著林暐哲的<夢想>，如今，走過了最艱苦的第一年，感謝暐哲願意把這首歌授權給自轉星球當做永遠的社歌，希望這首歌的歌詞，能帶給大家前進的動力，不管怎樣，都要勇敢做夢！（我們將於1/1(日) 20:00~00:00，於新開幕的誠品信義旗艦店舉辦：夢遊人早安 — 自轉星球新書分享跨年夜）

夢想　　詞/曲/唱　林暐哲

你過著怎樣的生活
有時候也搞不懂
你談著怎樣的戀愛
跟別人有什麼不同
也許在你的心中
有另外的一個角落
偷偷藏著
連你自己也害怕無法實現的夢
你對生活有什麼要求
有時候也很懵懂
不管你堅強還是脆弱
都要跟現實交手
也許在你的心中
有另外的一片天空
只要你肯往前踏出一步
就會很不同
每一天都是新的開始
每一天也都不過如此
無論你　在哪裡
無論你　你是誰
去追尋　去追尋　你的夢
你活在這樣的世界
有時候太好笑了
你面對種種的難題
有時候會卡住的
只要在你的心中
有另外的一片天空
就算未知的一切變數太多
你還是要往前走

圖左
12月28日
張震嶽出沒
實踐校園
圖右
1月4日
銘傳大學
給我們等著

SNG亂亂跑　書的幕後現場

話說蕭青陽及彎彎有著一段不為人知的奇譚。最早，蕭青陽是彎彎復興美工的學長，原本在自轉星球，蕭青陽也是彎彎的師兄，沒想到，蕭青陽不改蕭拖稿及蕭龜毛的本性，自己的書因為設計及印刷的關係delay了整整2週，因此，學長、師兄的身份，因此變成了師弟了。既然是師弟，當然要有勞師姐多多關照了，於是，大家看到了現在的這三張圖。蕭青陽自己看了立即老淚縱橫，決定頒給師姐一個「惠我良多」的匾額哩。

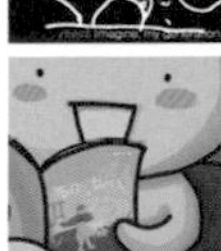

N

O

L 自轉星球發行之第一份電子報「夢遊人早安報」，由蕭青陽設計，共發行四期。M 自轉星球發行之第二份電子報「夢遊人晚安報」。N 蕭青陽私下友情送給「夢遊人晚安報」的珍貴賀圖。O 在書店將《365G——2006台灣不可思議新聞大百科》這本「垃圾書」丟進「垃圾桶」裡販售。

Take Me Back To

The Start

記念

Q

P

R

S

P《不如去流浪》新書記者會特別選在龍山寺前廣場舉辦。媒體、藝文界來賓一同席地而坐。Q、R《不如去流浪》收集了五千份報紙，蓋上「不如去流浪」橡皮章，準備隨書夾送。S《不如去流浪》書店文宣。

AIR MAIL
win

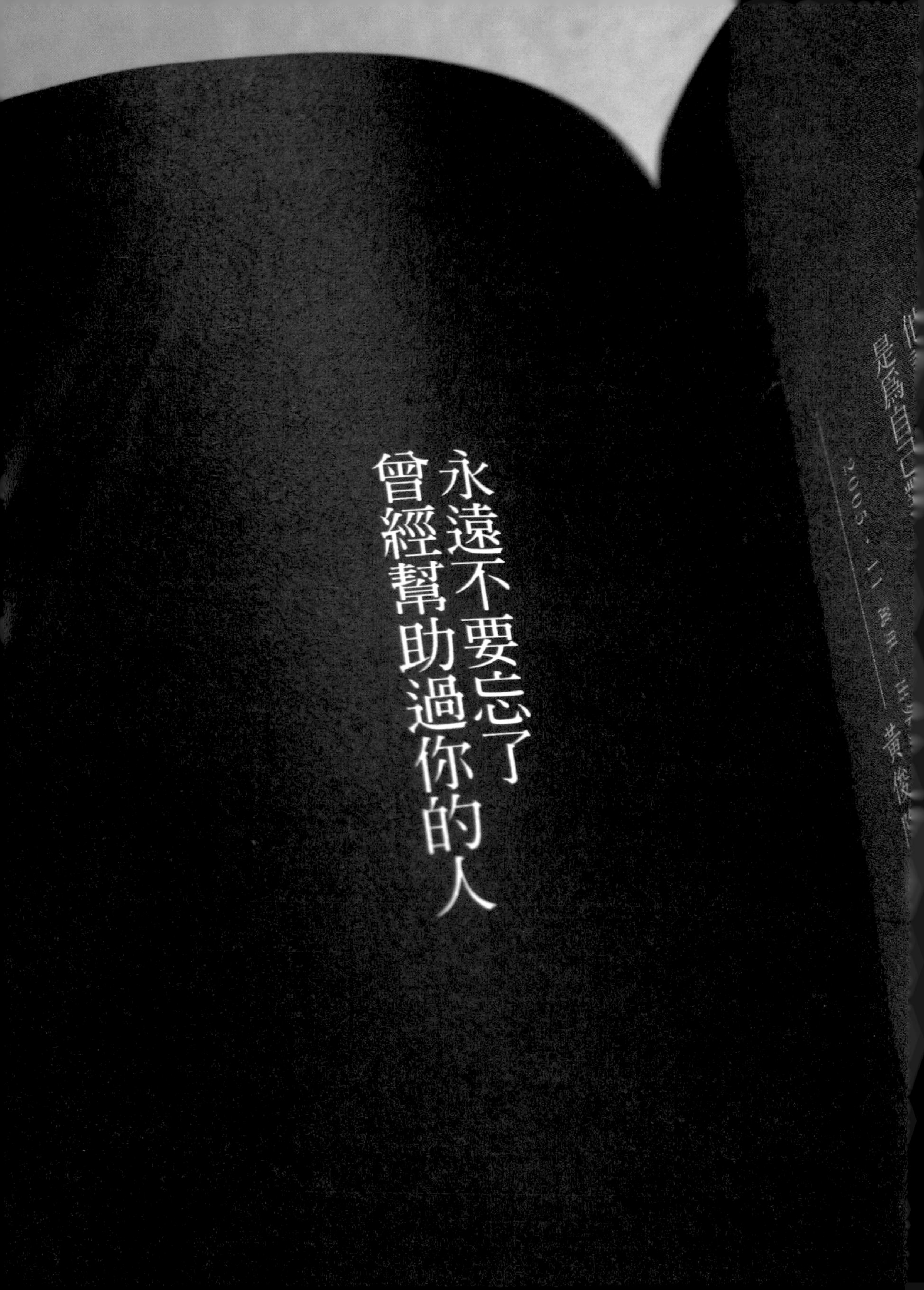

永遠不要忘了
曾經幫助過你的人

在自己的星球裡做夢
Take Me Back To The Start

Beautiful Day 016

作者／黃俊隆
文字協力／謝光萍
編輯／黃俊隆、羊曉
編輯創意／黃俊隆
企劃／李怡芸、謝光萍、簡培全
攝影／黃俊隆、闕嘉妏（P.7、P.249、P.250）、彎彎（P.211）
校對／黃俊隆、謝光萍
封面設計／蕭青陽、聶永真
內頁設計／闕嘉妏
出版／夢遊人文化創意社
發行／自轉星球文化創意事業有限公司
住址／台北市大安區臥龍街43巷11號3樓
電子信箱／rstarbook@gmail.com
電話／(02)8732-1629 傳真／(02) 2735-9768

發行統籌／華品文創出版股份有限公司
電話／(02)2331-7103
總經銷／大和書報圖書股份有限公司
電話／(02)8990-2588
印刷／前進彩藝有限公司
電話／(02)2225-0085

2009年12月初版
Starry Night Culture and Creative Co., Ltd.

定價：新台幣$ 350元

國家圖書館出版品預行編目資料

在自己的星球裡做夢 ／ 黃俊隆著
——初版.——臺北市：夢遊人文化創意社,2009〔民98〕.12
面 ；公分.——(Beautiful Day; 16)
ISBN 978-986-85784-0-1 (平裝)
1.黃俊隆2.臺灣傳記3.創業
783. 3886 98020920

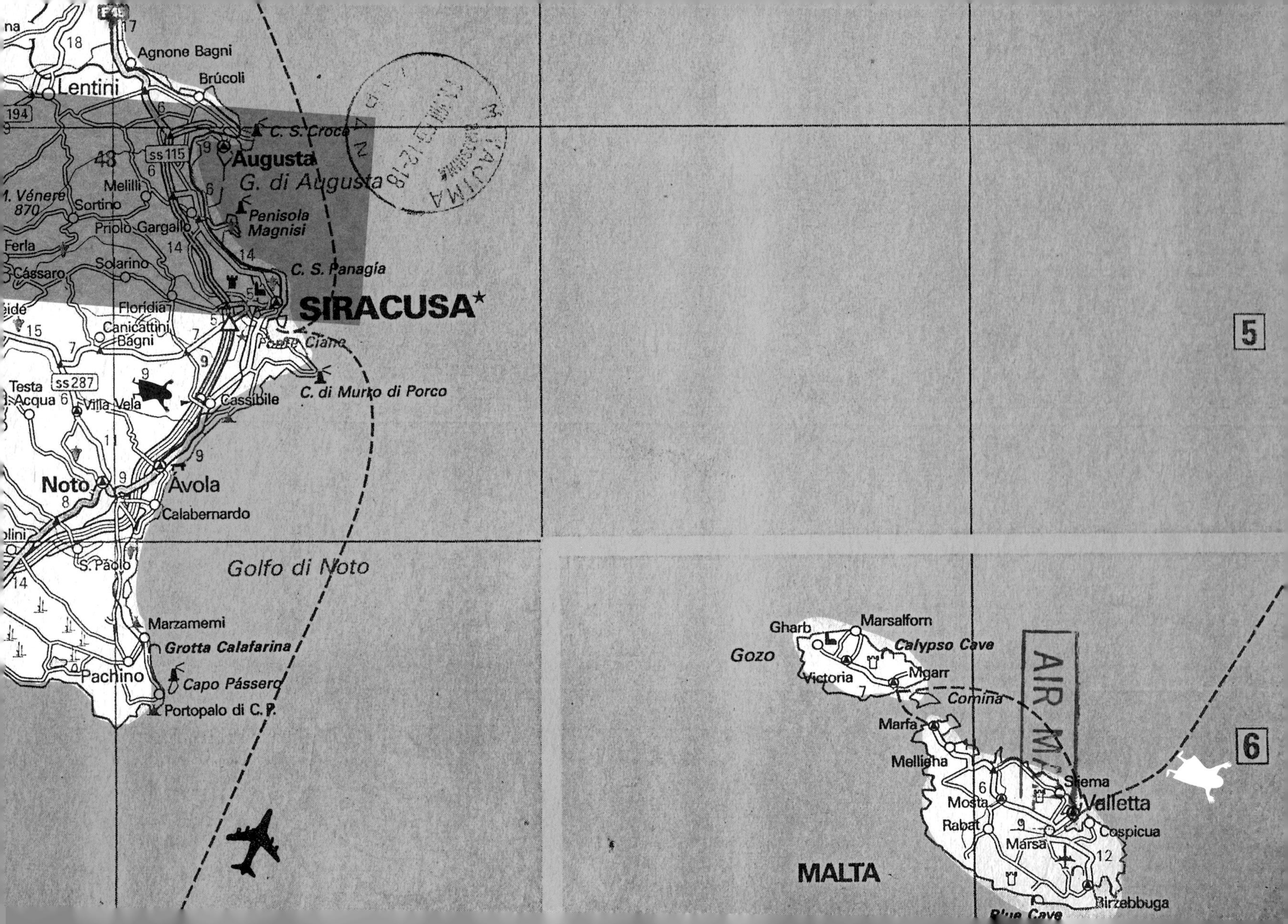
Agnone Bagni
Brúcoli
Lentini
C. S. Croce
Augusta
G. di Augusta
Melilli
Sortino
Priolo Gargallo
Penisola Magnisi
Ferla
Solarino
Cássaro
C. S. Panagia
SIRACUSA
Florídia
Canicattini Bagni
Testa
Villa Vela
Cassibile
C. di Murro di Porco
Noto
Avola
Calabernardo
S. Paolo
Golfo di Noto
Marzamemi
Grotta Calafarina
Pachino
Capo Pássero
Portopalo di C. P.
5
6
Gharb
Marsalforn
Gozo
Calypso Cave
Victoria
Mgarr
Comina
Marfa
Mellieha
Sliema
Valletta
Mosta
Rabat
Marsa
Cospicua
Birzebbuga
MALTA
AIR MA

Brigittenauer Lände
Heiligenstädter Lände
Donaukanal
Anton-Schmid-Promenade
Dresdner Str.
Universum
Nordwestbahn
Stromstr.
Jägerstr.
Stifter-Straße
Lor.-Müller-G.
Marchfeldstr.
Wallenstein Straße
Rauscherstraße
Klosterneuburger Str.
Adalbert-Stifter-Straße
Spittelauer Lände
Roßauer Lände
Brigittenauer
Pappenheimg.
Leipziger Str.
Hannoverg.
Heiligenstädter Str.
Döblinger Hauptstr.
Billrothstraße
Hardtg.
Oberdöbling
Krottenbachstraße
Peter-Jordan-Straße
Währinger Straße
Alserbach
Nußdorfer Str.
Sechsschimmelg.
Gentzg.
Gymnasium
Sternwartestr.
Hasenauer
Gregor-Mendel-
Türkenschanzpark
Porzellang.
Augasse
Liechtensteinstr.
FRANZ-JOSEFS-BHF.
Allg. Krankenhaus
Boltzmann
Spitalg.
20

Nordbahn
Adriastraße
Lassalle
Venediger Au
Ausstellungs
Volksprater
Hauptallee
Rustenschacher
Schüttelstr.
Donaukanal
Hundertwasser-Promenade
Weißgerberlände
Praterstern
Wien Nord
Taborstraße
Tabor
Klang-Heine
Augarten
Obere Donaustr.
Donaustr.
Franz-Josefs-Kai
Untere Donau
Prater
Große Mohren
Dampfsch.-str.
Radetzky
Zollamtsstr.
Landstraße
Wien Mitte
Am Stadtpark
Stadtpark
Heumarkt
Johannesg.
Schubertr. Park
Schwarzenberg
Kärntner R.
Opernring
Getreidemarkt
Wienzeile
Karlspl.
Museumsplatz
Burg ring
Heldenpl.
Dr.-K.-Renner-Rg.
Dr.-K.-Lueger-Rg.
Landesgerichtsstr.
Rathaus
Stadion
Auerspergstr.
Universitätsstr.
Schottenring
Schotteng.
Währinger Straße
Liechtensteinstr.
Porzellang.
Rossauer Lände
Berggasse
Börse
Wipplinger
Graben
Kohlmkt.
Stephanspl.
Rotenturm
Schwedenpl.
Freyung
Herrengasse
Josefspl.
Hofburg
Wallnerstr.
Singer
Fleisch mkt.
Stubenring
Dominikanerb.
Wollzeile
Lange
Laudong.
Spitalg.

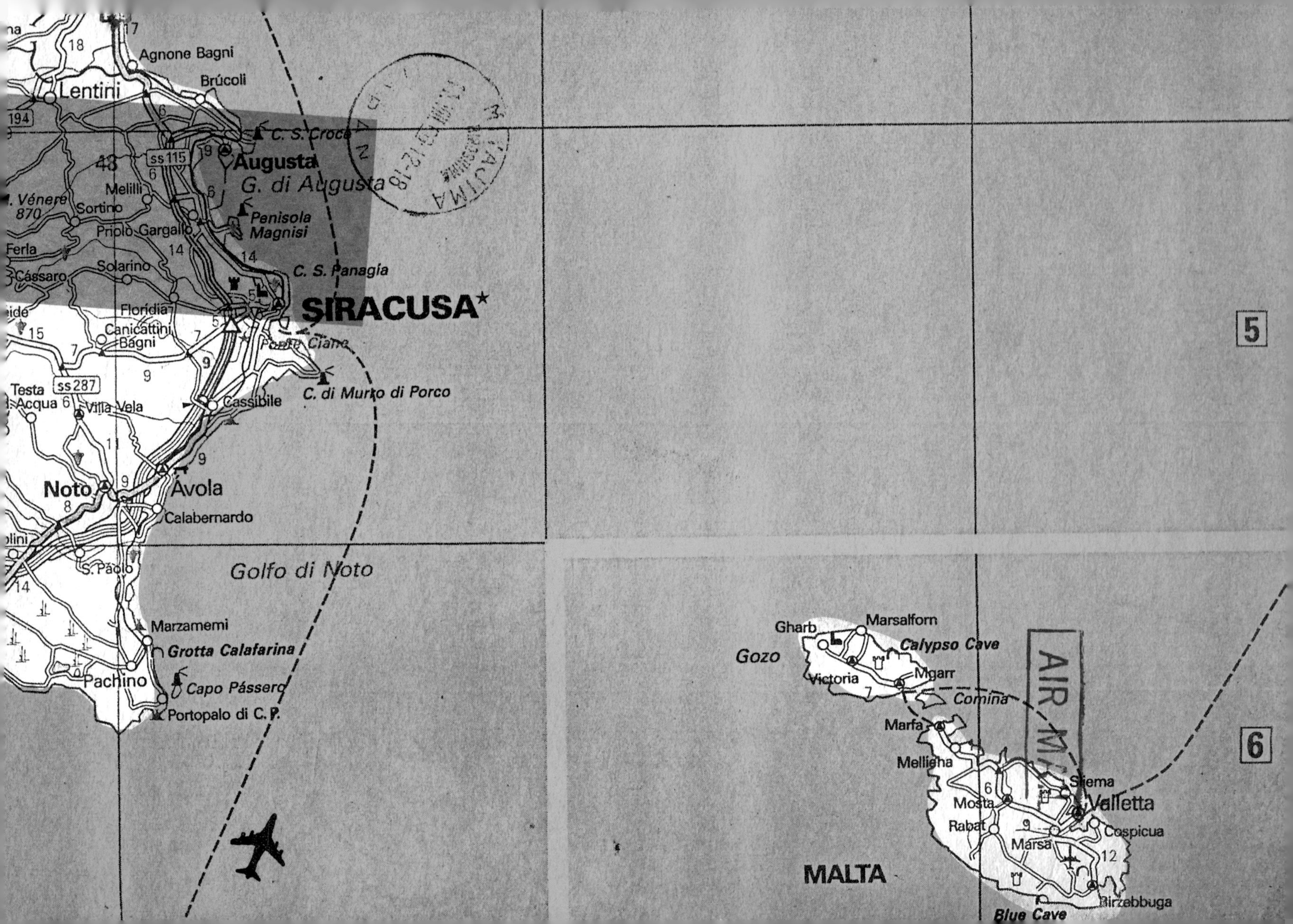

Agnone Bagni
Lentini
Brúcoli
194
C. S. Croce
ss115
Augusta
G. di Augusta
43
Melilli
Vénere
870
Sortino
Penisola
Magnisi
Priolo Gargallo
Ferla
Solarino
C. S. Panagia
Cássaro
Florídia
SIRACUSA
Canicattini
Bagni
Ponte Ciane
ss287
C. di Murro di Porco
Testa
Acqua
Villa Vela
Cassibile
Noto
Ávola
Calabernardo
S. Paolo
Golfo di Noto
Marzamemi
Grotta Calafarina
Pachino
Capo Pássero
Portopalo di C.P.
5
6
Gozo
Gharb
Marsalforn
Calypso Cave
Victoria
Mgarr
Comina
Marfa
Mellieha
Mosta
Rabat
Sliema
Valletta
Cospicua
Marsa
Birzebbuga
Blue Cave
MALTA
AIR MA